Isolde Stöcker-Gietl (Hg.)
und elf weitere Autoren

# Corona ante portas

Eine Redaktion lüftet durch

**Isolde Stöcker-Gietl** (Hg.)
**und elf weitere Autoren**

# CORONA
# ANTE
# PORTAS

**Eine Redaktion lüftet durch**

BUCHVERLAG

Bibliografische Information der Deutschen Nationalbibliothek

Die Deutsche Nationalbibliothek verzeichnet diese Publikation in der Deutschen Nationalbibliografie; detaillierte bibliografische Daten sind im Internet über http://dnb.dnb.de abrufbar.
ISBN 978-3-95587-402-5

1. Auflage 2021
ISBN 978-3-95587-402-5
Alle Rechte vorbehalten!
© 2021 MZ-Buchverlag in der
Battenberg Gietl Verlag GmbH, Regenstauf
www.battenberg-gietl.de

# INHALT

*Mit Karikaturen von Jochen Dannenberg*

# PROLOG

**H**ochansteckend, potenziell tödlich. Ein winzig kleines Virus namens SARS-CoV-2 hat die Welt in Angst und Schrecken versetzt. Hat die Menschen gelähmt und völlig aus dem Tritt gebracht. Die schlimmste Bewährungsprobe seit dem Zweiten Weltkrieg, sagte Kanzlerin Angela Merkel zu Beginn der Pandemie im März 2020. Die Bilder von Militärtransportern, die in Bergamo Corona-Tote abtransportiert haben, die Berichte aus der schwer getroffenen Metropole New York: Auch wir verfolgten die schrecklichen Nachrichten fassungslos und haben getrauert über Hunderttausende Menschen, die gestorben sind. Die Folgen, die das Virus brachte, beschäftigen uns noch immer jeden Tag.

Doch zwischen all dem Leid gab und gibt es auch die komischen Momente, die Momente, in denen wir uns fürs Lachen entschieden haben. Oder um es mit den Worten von Komiker Micky Beisenherz zu sagen: „Wer befindet, dass das mit dem Humor jetzt mal aufzuhören hat, hat nicht begriffen, wie ernst die Lage ist."

Von eben diesen anderen Corona-Geschichten soll dieses Buch erzählen.

Es ist doch allemal besser zu lachen, als sich darüber aufzuregen, dass das Klopapier aus ist, dass sämtliche Familienfeste ins Wasser gefallen sind, dass das Kind den Unterricht neuerdings vom Bett aus verfolgt – sofern es überhaupt mal gelungen ist, sich ins digitale Bildungssystem einzuwählen.

Ach ja, wir nähen jetzt auch Masken aus Omas alten Baumwollnachthemden und backen Brot, wenn wir Homeschooling und Homeoffice beendet haben. Zerstreuung finden wir beim Dauer-Serienschauen. Und wer noch kein Bezahlfernsehen hat, der braucht besonders viel Humor und gute Nerven. Sodom und Gomorrha auf der Alm – damit entstressen uns die Öffentlich-Rechtlichen. Da schüttelt's manchen arg im Fernsehsessel. Spülen wir den Corona-Frust doch einfach mit einem Glas Wein hinunter – am besten via Zoomkonferenz. Damit wir endlich mal wieder mit unseren Freunden anstoßen können...

Die Autorinnen und Autoren dieses Buches, ausgebildete Redakteure des Mittelbayerischen Medienhauses Regensburg, haben ein Jahr Corona-Krise beleuchtet und skurrile, witzige, tragikomische, auch einzigartige Momente dieser Pandemie beschrieben. Ihre Glossen sind vom Alltag inspiriert, oft überzeichnet, manchmal gespickt mit Ironie und einem Hauch Sarkasmus, aber stets humorvoll.

Ein Buch über eine Krise, die uns lehrt, dass Lachen nicht nur die beste, sondern manchmal auch die einzige Medizin ist.

Die Autorinnen und Autoren.

*Als die Corona-Krise im März 2020 ihren Anfang nimmt,*
*haben die Menschen erst einmal nur eines im Sinn:*
*Hauptsache Klopapier ist im Haus. „Völlig von der Rolle" titelt deshalb die*
*Frankfurter Allgemeine Zeitung. Das Satire-Magazin „Der Postillon"*
*veröffentlicht die zehn besten Rezepte für Nudeln mit Klopapier.*

# NOTSTAND IM ABGANG

von Isolde Stöcker-Gietl

Klopapier ist aus. Die Küchentücher gehen auch zur Neige. Und der Drogeriemarkt hat noch immer Lieferengpässe. Ich war mehrmals schon früh am Morgen da und auch am späten Vormittag, kurz nach Mittag, am Nachmittag und vor Ladenschluss. Die Regale sind – kaum aufgefüllt – schon wieder leer geplündert. Abgabe: nur ein Paket pro Kunde. Kunden wären genügend da, aber Pakete nicht.

Im Freundeskreis werden Lieferungen inzwischen in eigens eingerichteten Klopapiergruppenchats mitgeteilt. „dm, 4, 8". Was so viel bedeutet wie: Bei *dm* haben sie vierlagiges Papier, aber nur noch acht Packungen. Und auf Ebay handeln sie die Rollen schon einzeln. 200 Blatt Klopapier erzielen eine bessere Rendite als die Telekom-Aktie.

So einfach hat uns noch nie jemand die freie Marktwirtschaft erklärt! Die Nachfrage regelt den Preis. Jeder kann selbst entscheiden, was ihm der Toilettengang wert ist – sofern er mit den aufgerufenen Preisen noch mithalten kann. Die Zweiklassengesellschaft erreicht in der Pandemie auch noch das stillste Örtchen. Muss man sich das Kacken jetzt auch noch leisten können? Ein Regensburger Bäcker hat zumindest eine geniale Geschäftsidee entwickelt: Ab fünf Euro Einkauf gibt es eine Rolle Klopapier gratis.

Aber warum überhaupt Klopapier? In Frankreich lachen sie über uns. Dort werden auf dem Schwarzmarkt Höchstpreise für Kondome bezahlt. Die Niederländer haben sich mit Marihuana eingedeckt. Zumindest die Österreicher sind ähnlich schräg drauf: Sie kaufen Nagellack wie verrückt, ist zu lesen. Und wir Deutschen wollen vor allem eins: einen sauberen Abgang. Die Menschen in Hongkong und Australien übrigens auch. In Hongkong gab es einen bewaffneten Raubüberfall, bei dem die Täter hunderte Rollen Klopapier erbeuteten. In Australien hat sich eine Zeitung einen Scherz erlaubt und ist mit acht leeren Seiten erschienen – ein sauberer Service für die Leser in diesen Krisenzeiten.

Wir rüsten nun auch für den Ernstfall: Meine Mutter sammelt die Mittelbayerische. Mein Mann tüftelt, ob sich auch eingeweichter Karton zu Klopapier verarbeiten lässt. In Survival-Chats hat er sich Tipps geholt, wie wir einer andauernden Krise auf dem Hygienemarkt begegnen können, wenn Papier jeder Art knapp werden sollte. Moose sollen den Popo am flauschigsten reinigen, wissen die Outdoor-Freaks. Blätter – außer Gift-Efeu und Brennnessel – haben auch hervorragende Wisch-Eigenschaften. Und dann werden noch Zapfen empfohlen – zur Vorbehandlung. Als mein Mann ankündigt, dass wir in den Wald aufbrechen, droht die Teenager-Tochter mit sofortigem Auszug. Die jüngere findet es irgendwie lustig. Sie will eh mal mit Papa in der Wildnis campen. Ich plane, mich einige Tage bei Freunden einzuquartieren, um der Zapfenbehandlung zu entgehen. Die müssen auch keine Angst ums eigene Klopapier haben. In fremder Umgebung blockiert meine Verdauung.

So weit ist es dann doch nicht gekommen. Die Lieferengpässe waren rasch behoben. Klopapier wieder überall zu finden – und noch nicht einmal teurer als vor der Pandemie. Nur jetzt laufe ich der Hefe hinterher. Überall leere Regale. Ich will mir gar nicht vorstellen, was die Menschen damit vorhaben.

*Wer traut sich noch zum Einkaufen? Wer sind diese Unerschrockenen, die keine Angst vor dem Virus haben? Der Mitteldeutsche Rundfunk hat im Frühjahr 2020 ausgerechnet diejenigen in Verdacht, die bei einer Infektion am meisten gefährdet sind. „Sind ältere Menschen beim Einkaufen unvernünftig?", fragt der Sender in einem Beitrag. Beobachtungen, die sich auch in der Oberpfalz machen lassen.*

# ABENTEUER EINKAUFEN

*von Heinz Klein*

In grauen Vorzeiten sind wir ja mal alle Jäger und Sammler gewesen, aber heutzutage gehen wir zum Jagen nicht mehr hinaus in die Wälder, zumindest die meisten von uns nicht. Aber wir gehen alle einkaufen. Die Jagd nach Schnäppchen oder raren Gütern ist zum Jagdersatz geworden, dem wir in Supermärkten, Kaufhäusern, Boutiquen und Outlet-Centern fleißig nachgehen. Wir müssen einfach jagen, das haben wir evolutionsbedingt noch im Blut.

Die wilde Jagd draußen in den Wäldern war immer gefährlich, die Jagd im Kaufhaus ist es nur für den Geldbeutel. Doch als Corona kam, dieser winzige todbringende Global Player, da hatte man das Gefühl, auch die Einkaufsjagd draußen in der pandemieverseuchten Welt sei nun ziemlich gefährlich. „Vermeiden Sie alle Kontakte, die nicht unbedingt sein müssen, bleiben Sie zu Hause", hieß es im ersten Lockdown. Wer wagte sich da noch hinaus, vermummt mit Schal und leicht eingezogenem Kopf, den Einkaufskorb in der Hand? Nur schnell das Nötigste holen: Brot, Wurst, Käse, Nudeln, Reis, Hefe und – Klopapier. Die Genießer dachten an den Input, die Praktiker auch an den Output. Und weil man Klopapier als unverderbliche Ware grenzenlos bunkern kann, langten die Ängstlichen zu, bis die Regale leer waren.

Wer zu spät kam, dem trieb der Papiermangel Sorgenfalten auf die Stirn. Eine Zuspätgekommene flüsterte der Kassiererin im Drogeriemarkt sorgenvoll zu, sie habe zu Hause nur noch ein paar Rollen, also so gut wie nichts angesichts des Papierverbrauchs ihrer besseren Hälfte: „Stellen Sie sich vor, mei Mo, der braucht fei für einmal schon mehr als drei Blatt!" So erfuhr man in der Schlange vor der Kasse selbst aus eineinhalb Metern Entfernung Dinge, die sonst nie ausgesprochen werden würden.

Wer am Land lebt, hat es manchmal einfacher. In meinem Dorf öffnen Bäcker und Metzger um 6 Uhr morgens. Frühaufsteher, Ängstliche und Schlangenhasser gehen da schon einkaufen. Man muss nicht anstehen in der Bäckerschlange, kommt niemandem zu nahe und hat zum Frühstück frische Semmeln. Anders beim späteren Einkauf. Dann sind alle unterwegs. Man gibt sich sozusagen die Klinke in die Hand. Klebt da vielleicht schon das Virus dran? Oder am Griff des Einkaufswagens, den man jetzt vorschriftsmäßig vor sich herschieben muss? Und dass mir ja niemand zu nah auf die Pelle rückt! Zum Beispiel der Drängler da hinter mir in der Kassenschlange, der es scheinbar eilig hat.

Und dann ist es die Dorfratschn, die mir viel zu nahe kommt. Mit sicherlich über 80 Lenzen holt sie sich beim Metzger ihre Sozialkontakte und geht schonungslos auf die Menschen zu. Unter Missachtung aller Abstandsregeln wanzt sie sich bis auf 30 Zentimeter heran, um dann ohne Maske, aber dafür mit Triumph zu schreien: „Mei, vor mir brauchas fei koa Angst ham, i hob des Zeig ned." Dabei gehört sie in ihrem Alter zur Hochrisikogruppe und sollte eigentlich daheim bleiben und die Enkel zum Metzger schicken.

Erstaunlich, dass gerade die Alten oft die Unerschrockenen sind. Oder die Unbedachten. Wieder beim Metzger: Nur drei Kunden dürfen rein und drei sind schon drin. Also bleibt man draußen stehen und wartet. Hinter mir reiht sich eine Seniorin mit Rollator ein. Wir warten beide. Plötzlich rollt die Seniorin aus der Altersklasse Ü75 an mir vorbei, öffnet die Ladentür, wuchtet den Rollator über die

Schwelle und drin ist sie. Als Nummer 4. Ich warte brav, bis zwei draußen sind und betrete dann die Metzgerei. Jetzt wird mir alles klar. Ü75 hatte beim Blick durch die Schaufensterscheibe drinnen im Laden ihre Freundin entdeckt und da gab es kein Halten mehr. Jetzt stehen die zwei Weißgelockten Kopf an Kopf beieinander, schauen in die Wursttheke und ratschen. Kopf an Kopf mit verdächtig frischen und perfekten Dauerwellen. Illegaler Friseurbesuch – also auch das noch. „Jetzt haben Sie sich nicht nur vorgedrängt, sondern auch noch gegen alle Hygieneregeln verstoßen", sage ich anklagend. „A geh, samma doch alle maskiert", rechtfertigt sich die Dauergewellte ohne jegliches schlechte Gewissen – und ratscht weiter. Was bleibt dem brav Anti-Corona-Praktizierenden da als Trost? Eine Leberkässemmel mit viel süßem Senf. Jens Spahn ist ja nicht da, um mir anerkennend auf die Schulter zu klopfen.

Freilich wurde das Einkaufen auch zum Hürdenlauf. Ständig änderten sich die Regeln. Plötzlich gab's im Wirtshaus nur noch „to go". „Ich weiß gar nicht, was die überall mit ihrem Togo haben, wir sind doch nicht in Afrika", witzelte ein Spaßvogel mit letzten Humorresten. Und dann kam auch noch „click and collect": Bestellen im Internet, bezahlen bitte kontaktlos. Maria und Josef, wer soll sich da noch auskennen? Aber auch das gibt's noch: Das alte Mutterl, das beim Discounter die Geldbörse mit Müh und Not unter der Plexiglasscheibe zur Kassiererin durchschiebt und sagt: „Mei, Frollein, suaches ehna bittschön des Geld raus, i hob mei Brill'n vergessen." Kontaktlos ging das Zahlen auf diese Weise nicht, aber es ging – anstandslos.

# ERBEN IN DER PANDEMIE

*Ab Ende März tauchen im Internet immer mehr Nähanleitungen für Masken auf. Die Schränke werden nach Stoffresten durchforstet. Die Ware wird vertraulich in Whatsapp-Gruppen gehandelt. Wer keinen Masken-Dealer hat, bindet sich einen Kaffeefilter ins Gesicht. Gott sei Dank naht rasch Hilfe. Auf Instagram postet Modedesigner Guido Maria Kretschmer, wie man aus T-Shirts oder alten Unterhosen einen Mund-Nasen-Schutz basteln kann.*

# SEGELOHREN INKLUSIVE

*von Dagmar Unrecht*

**M**ein Gesicht ist halb kariert, aber das ist nicht das Schlimmste: Unbarmherzig zerrt ein viel zu knapp bemessener Hosengummi meine Ohrmuscheln nach vorn. Das halte ich keine halbe Stunde aus. Durch die dicken Stofflagen macht auch das Atmen keine Freude. Ich sehe aus wie eine voralpenländische Yoda-Mutation. Damit soll ich jetzt unter die Leute? Eineinhalb Meter Abstand kommt mir da eindeutig zu knapp vor. Trotzdem bin ich froh: Endlich habe ich meine erste Stoffmaske.

Erinnern Sie sich noch an Ihr Einsteigermodell? Zu Beginn der Pandemie werden geschneiderte Masken ja gehandelt wie heiße Ware. Nähmaschinen laufen auf Hochtouren. Allerdings nicht bei mir. Schon in der Grundschule habe ich vermurkste Handarbeitsproben diskret verschwinden lassen. Die Donnerwetter von Frau Zwirner, meiner Lehrerin, stecken mir noch in den Knochen. Weiter als zum Knopfannähen habe ich es bis heute nicht gebracht. Die Rettung kommt per WhatsApp: Gut informierte Freundinnen leiten mir konspirativ Kontakte zu Masken-Produzentinnen ihres Vertrauens weiter. „Wenn du den Hosengummi selbst mitbringst, geht's schneller", lautet der verschwörerische Tipp oben drauf. Mangelverwaltung wie zu besten DDR-Zeiten. Zum Glück hatte meine Tante früher einen

Stoffladen und noch einiges an Kurzware gebunkert. Allerdings ist der Frauenbund schneller und reißt sich die Spulen mit Gold-Zack-Wäscheband Typ „Standard-Elastic" unter den Nagel. Nur mit knapper Not kann ich mir ein paar Reststücke sichern – Segelohren inklusive.

Tutorials mit Näh-Anleitungen gehen viral, Internet-Foren füllen sich mit Debatten über geeignete Stoffe für Masken. Alte Bettwäsche? Ja. Alte Jersey-Shirts? Naja. Immer neue Fragen ploppen auf: Zweilagig oder dreilagig? Mit aufklappbaren Falten? Baumwolle oder Polyester? Gummiband oder doch lieber Schnüre zum Binden? Mit Staubsaugerbeutel-Filter oder einer Damenbinden-Virusbarriere? Die Do-it-yourself-Queens rücken pandemiebedingt aus ihrem Nischendasein ins Rampenlicht, nehmen Bestellungen entgegen und führen Wartelisten. Bezahlt wird bar und das nicht zu knapp. In den Nähstuben herrscht Goldgräberstimmung.

Zum Glück steigt bald ein großer Hemdenhersteller ins Maskengeschäft ein, flutet Discounter und Drogerien und rettet Näh-Banausen wie mich. Luxusdesigner entwerfen exklusive Haute-Couture-Modelle, sogar Autobauer produzieren plötzlich Mund-Nasen-Schutz. Zur Not kommt man damals aber auch noch mit einem hochgezogenen Schal beim Bäcker oder Metzger durch.

Bald stapeln sich ganze Masken-Kollektionen auf meiner Kommode, baumeln an Türklinken und vom Autorückspiegel. Der Supermarkt wird zum Laufsteg – pinke Flamingos am Käseregal, Bekenner-Sprüche an der Wursttheke oder Bernhardiner-Schnauzen an der Kasse. Politiker gehen mit gutem Beispiel voran: Bayerns Ministerpräsident lässt sich mit blau-weißem Rautenmuster ablichten, die Kanzlerin tritt mit EU-Emblem im Gesicht auf und Berlins Regierender Bürgermeister kombiniert dezente Anzüge mit wilden Stoffmustern über der Nase.

Mit fortschreitender Pandemieerfahrung muss ich immer seltener auf halbem Weg zum Einkaufen umkehren, weil meine Maske noch im Auto liegt. Mit beschlagenen Brillengläsern geht es dann im Blindflug durch das Sortiment. Draußen auf der Straße hängt das Ding dann locker am Handgelenk, lugt aus der Hosentasche oder wird lässig unters Kinn geklemmt. Auch Schneemänner, Nikoläuse und Osterhasen, ja sogar Faschingskrapfen sind plötzlich coronakonform ausgestattet. Im Ländle spricht man vom „Maultäschle", für Hessen ist es der „Schnuudlabbe" und „Snuutenpulli" heißt es an der Küste.

Während Modebewusste mit dem Stück Stoff im Gesicht ihre Stilsicherheit zur Schau tragen, setze ich auf nüchternen Pragmatismus und steige komplett auf OP-Masken um. Bye, bye, Hosengummi. OP-Masken gibt es inzwischen an jeder Ecke, anfangs mussten Krankenhäuser ihre Bestände ja noch wie Goldreserven sichern. Mit den FFP2-Masken hat das bunte Treiben im Gesicht dann ohnehin ein Ende – nicht nur modisch eine Zensur.

In den Geschäften sehen seither wieder alle gleich aus. Wen juckt das schon, wir sind längst Masken-Profis – mal abgesehen von den Hitzepickelchen, die unter dem High-Tech-Vlies besonders gut sprießen. Nur Bartträger kommen in Gewissensnöte. Denn bei wucherndem Gesichtshaar können Aerosole an undichten Stellen durchpfeifen. Frauen sind da klar im Vorteil: Lästiger Damenbart verschwindet problemlos unter der Maske. Und nicht nur das: Dahinter kann man auch herzhaft gähnen, ohne dass es jemand merkt. Blessuren nach Schönheitsoperationen lassen sich ebenfalls wunderbar verbergen, verdächtige blaue Flecken und Schwellungen provozieren dann keine peinlichen Nachfragen. Während der Pandemie werden Beauty-Eingriffe übrigens fleißig in Anspruch genommen – nur um danach auf Zoom umso mehr zu punkten. Diese Chance habe ich verpasst: Bei Videokonferenzen präsentiere ich noch immer Falten und Hängebäckchen. Aber dafür investiere ich in ein Ringlicht, um die Verhör-Optik ein wenig abzumildern.

Bleibt eine Frage zum Schluss: Wohin mit den Masken, wenn die Plage vorbei ist? Weitertragen wäre eine Option, denn seit der Pandemie gibt es weniger Grippefälle. Auch lästige Pollen haben es schwerer. Oder wir heben die Masken für Fasching auf. Als Voralpen-Yoda könnte ich da jederzeit mitmischen.

VERKEHRSROWDYS. DIE
IDENTIFIZIERUNG WIRD
AUCH BEI BLITZER-FOTOS
ZUNEHMEND SCHWIERIGER.

*Distanzlernen, Homeschooling und Wechselunterricht – die Pandemie hat den Schulalltag völlig auf den Kopf gestellt. Mal fehlt die Internetverbindung, dann ist der Lehrer zur Videokonferenz nicht da oder Aufgaben lassen sich nicht herunterladen. „Wieder Ärger mit der Lernplattform Mebis", hieß es zum Beispiel Anfang Januar 2021 in der Augsburger Allgemeinen. Eine Schlagzeile in der Endlosschleife…*

# GOETHE HAT LADEPROBLEME

*von Dagmar Unrecht*

**H**allo, seht ihr mich?" Der Bildschirm ist schwarz wie die Nacht. „Das geht jetzt grade nicht. Wir starten noch mal neu", tönt eine Stimme aus dem Kopfhörer, den mein 16-jähriger Sohn über die Ohren gezogen hat. Der Bildschirm bleibt – schwarz. „Uh, das geht noch immer nicht", wiederholt sich die Stimme, schon eine Spur nervöser. Eigentlich steht jetzt für die Zehntklässler Deutsch auf dem Stundenplan. Doch danach sieht es im Moment nicht aus. Goethe hat heute Ladeprobleme. Mein Jüngster nimmt's gelassen. Er hat bereits in den Gamingmodus gewechselt. Als passionierter Computerspieler ist er bestens fürs Homeschooling gerüstet, wie er gern mit einem breiten Grinsen betont. Sein Rechner ist für High-Tech-Spiele vom Feinsten ausgelegt. Textdokumente oder Videokonferenzen beanspruchen nur einen Bruchteil seiner Serverkraft. Die Grafikkarte setzt virtuelle Landschaften stechend scharf ins Bild, damit mathematische Kurven darstellen – ein Klacks. Der riesige Bildschirm zeigt bei Bedarf auch Pickelgesichter von Klassenkameraden bis in die Untiefen verstopfter Poren – gefühlt im Leinwandformat. Rein technisch steht dem Online-Lernerlebnis also nichts im Weg.

Auf den Ohren trägt mein Sohn tellergroße Kopfhörer, die beim Gamen perfekten Soundgenuss garantieren, zur Not aber auch

Fragen zur zwielichtigen Rolle von Mephisto in Goethes *Faust* übertragen. Aber nur, wenn die Leitung steht. Doch das klappt noch immer nicht. Während die Deutschlehrerin verzweifelt versucht, die virtuelle Schulstunde im Dienste deutscher Hochkultur zum Laufen zu bringen, chattet mein Jüngster auf einer Parallelplattform gemütlich mit seinen Freunden. Das Mikro für das Schul-Tool ist auf stumm gestellt. Bitte nicht stören.

Unterdessen dreht sich mein Großer gerade zum dritten Mal im Bett herum. Die Nacht war kurz, weil der basketballbegeisterte Primus das NBA-Topspiel Lakers gegen Brooklyn Nets live verfolgen musste. Morgens um 9 Uhr kommt dem 18-Jährigen der obligatorische Weckruf seiner Schule dann recht ungelegen. „Was ist weiß und fällt vom Himmel?", lautete dieses Mal die Frage an die angehenden Abiturienten. Die Antwort muss bis 9.15 Uhr per Mail im Sekretariat eingegangen sein. Um 9.30 Uhr klingelt unser Festnetztelefon und stört mich im Homeoffice. „Nicht schon wieder", denke ich und schicke ein Stoßgebet in Richtung Elternschutzpatron. Frau Sandner, eine der netten Schulsekretärinnen, ist in der Leitung. Wir kennen uns schon, weil wir fast täglich um diese Uhrzeit telefonieren. „Ihr Sohn hat seinen Weckruf nicht beantwortet", sagt sie leicht angesäuert. Ich spüre, wie sich mein schlechtes Gewissen regt, und komme mir vor wie in „Und täglich grüßt das Murmeltier". Allerdings offenbart mir nicht Phil, das Murmeltier, ob das jetzt für das restliche Schuljahr so weitergeht, sondern Frau Sandner höchstpersönlich. Mein Sohn hat die E-Mail-Adresse seiner Schule inzwischen so oft falsch geschrieben, dass er eine ganze Auswahl vermeintlich richtiger Mail-Varianten vorgeschlagen bekommt, wenn er seine Weckrufantwort losschicken will. Auch an diesem Morgen lag er mit schlafwandlerischer Sicherheit daneben. Morgenstund' hat Gold im Mund – nicht bei uns. Ich entschuldige mich mal wieder bei Frau Sandner, gelobe Besserung im Namen meines volljährigen Kindes und stürme erbost in sein Zimmer. Dort komme ich nicht weit. Ein auf dem Boden liegendes T-Shirt verkeilt sich unter der Tür und zementiert sie, nur einen Spalt weit geöffnet. „Dein Weckruf", motze ich durch den schmalen Schlitz und bekomme als Antwort nur ein unverständliches Grunzen. „Ja, gleich", höre ich aus dem schläfrigen Gemurmel heraus. Die Bettdecke raschelt, der Lattenrost quietscht. Sohnemann hatte sich, auf halbem Weg zur allgemeinen Hochschulreife, offenbar noch mal hingelegt. Von wegen Weckruf.

Eine Wand weiter tauscht sich mein Jüngster unterdessen intensiv mit seinen Freunden über das neueste Youtube-Video eines bekannten Influencers aus. Die Gretchenfrage interessiert in dieser Runde niemanden. Die Deutschlehrerin hat inzwischen auch aufgegeben und will nun die Aufgaben auf Mebis hochladen. Doch die Schulplattform ist gerade überlastet. Die Pädagogin setzt der Klasse daher eine großzügige Frist: Erst Ende der Woche müssen die Fragen zu Fausts Pakt mit dem Teufel beantwortet sein. Das hat also noch höllisch lange Zeit, findet mein Sohn und macht sich erst mal mit einem virtuellen Schwertkampf warm. Dabei ist es noch mitten am Vormittag. Das vereinbarte Computerspielzeitkontingent wird von meinem Jüngsten schon seit Monaten überzogen. Ich bringe es nicht fertig, die nötigen Konsequenzen durchzusetzen. Ich kann ja schlecht den Internet-Stecker ziehen, denn dafür hat mein Arbeitgeber wiederum kein Verständnis. Mein Filius ist von der Zimmertür aus nur schlecht zu sehen, weil er hinter einer Phalanx aus leeren Flaschen, benutzten Tassen und herumliegenden Pizzakartons verschwindet. Dabei wächst er rein theoretisch in einem bildungsaffinen Akademikerhaushalt auf. Aber wir sind gut getarnt. Die Luft, die mir im Kinderzimmer entgegenschlägt, ist gelinde gesagt animalisch-würzig. Über den Boden verteilen sich alte Socken – natürlich auf links gedreht – und benutzte Shorts. Das Bett ist noch von der Nacht zerwühlt und auch aus einiger Entfernung ist gut zu erkennen, dass der Teenie vor dem Bildschirm, auf dem sich gerade gefährliche Hieb- und Stichszenen abspielen, dringend eine Dusche benötigt. Meine Verbesserungsvorschläge prallen an dem 16-Jährigen ab wie Squashbälle von der Übungswand. Willkommen im Homeschooling.

Mein Großer hat inzwischen das Bett verlassen. Es ist schon kurz vor Mittag. Der Mathe-Lehrer ruft die angehenden Abiturienten zur Videokonferenz in Stochastik. Persönliche Präsenz ist gefordert. Hypergeometrische Verteilung steht auf dem Programm. „Wenn ihr was nicht versteht, könnt ihr das ja googeln, im Buch steht auch was dazu", sagt der Mathe-Lehrer sehr entspannt. Er sitzt zu Hause in seiner Wohnküche. Im Hintergrund ist der Herd zu sehen, wo aus einem Topf Dampfwolken aufsteigen. „Außerdem gibt es bestimmt tolle Youtube-Videos zu dem Thema", schiebt der Pädagoge hinterher. Seine Schüler schreiben in drei Monaten ihre Abschlussprüfungen. Wird schon werden bis dahin. Dann hält der Lehrer noch schnell seinen Hamster ins Bild. „Den wollt ihr doch bestimmt sehen, oder?" Tierisch witzig, dieses Distanzlernen. Jan Böhmermann hätte seine Freude dran.

IRGENDWIE FÜHRTE DAS
HOMESCHOOLING ZU
BISHER UNGEAHNTEN
NEBENWIRKUNGEN.

*Gibt es ein Leben nach der Jogginghose? Diese Frage taucht im März 2021 in den Stuttgarter Nachrichten auf. Mode werde nach Krisenzeiten oft extravagant, heißt es in dem Artikel. Doch bislang, so die Einschätzung, spricht wenig für einen bevorstehenden Stilwechsel. Wir haben es uns in der Baumwollbuchse mit Gummizug kommod eingerichtet.*

# KONTROLLVERLUST IM SCHLAFANZUG

*Von Petra Beer-Dausch*

W er eine Jogginghose trägt, hat die Kontrolle über sein Leben verloren. Der Ausspruch von Modezar Karl Lagerfeld kommt mir in der Corona-Zeit immer wieder in den Sinn. Gerade verschicke ich aus dem Homeoffice erste Mails, die große Tochter sitzt im Wohnzimmer in ihrer Schulkonferenz, die Kleine ruft aus der Küche um Hilfe bei Minusaufgaben mit Zehnerübergang und es klingelt an der Haustür. Es ist zehn Uhr, wir alle drei sind noch im Schlafanzug – quasi unsere Jogginghose.

Meine Mädels und ich sind keine großen Fans der einst als Modesünde verschrienen Bequem-Buxe, auch wenn sie uns in Pandemie-Zeiten zum Hipster machen würde. Statt Jogginghosen haben wir eine Auswahl wunderschöner Nachthemden, Leggings, T-Shirts und Schlafanzüge – und die eignen sich ja genauso für (fast) alle Corona-Lebenslagen – für Homeschooling genauso wie fürs Homeoffice, für Fitness vor dem Fernseher ebenso wie für eine Zoom-Konferenz mit der besten Freundin.

Meine große Tochter erledigt also bevorzugt im Schlafanzug am PC ihre Schularbeiten. Die Kleine rechnet am Vormittag fleißig im Nachthemd, kleckert sich beim Mittagessen das Ketchup drauf und zieht es nachmittags erst aus, wenn sie zum Inline Skaten vor die Tür geht. Das wäre jetzt im Nachthemd echt schwierig – vielleicht sollten wir doch noch Jogginghosen bestellen? Am besten für jeden Tag eine mit unterschiedlichen Farben. Montag ist pink, Dienstag grün, Mittwoch blau... Dann könnte ich auch leichter die Kontrolle darüber behalten, wie lange Kleidungsstücke getragen werden. Denn oftmals grüßt mich am Morgen im Kinderzimmer zwar nicht das Murmeltier, aber die Leggings vom Vortag oder mehrere Tage hintereinander dasselbe Unterhemd. Das muss für die von den Kindern neuerdings bevorzugte Katzenwäsche, die geht zur Not auch ohne Wasser, noch nicht einmal ausgezogen werden. Immer wieder kommt mir da das Stichwort Kontrollverlust in den Sinn.

Eine Freundin berichtet mir Ähnliches. Auch ihre Teenager-Tochter absolviert ihre Konferenzen am Vormittag vorwiegend im Schlafanzug oder in den Klamotten vom Vortag. Bei der Körperhygiene hat sie ebenfalls jede Struktur verloren. Zähneputzen passiert frühestens nach dem Mittagessen, aber auch nur nach der fünften Mahnung durch die Mama. Wenn die allerdings zu beschäftigt für Kontrollen ist, dann eben gar nicht. Gut, dass es bei den Online-Konferenzen keine Geruchsfunktion gibt. Oder aus Elternsicht, schade, dass es sie nicht gibt. Auch auf Duschen oder Haare waschen kann ihr Teenager gut verzichten: „Wir lassen bei den Konferenzen doch eh die Kameras aus." Tja, meine Freundin muss ihren Nachwuchs aber täglich live sehen und erleben. Und nicht nur das. Die fehlenden hygienischen Maßnahmen sind nicht nur sichtbar, sondern in der Pubertät auch krass riechbar, erzählt sie mir leidgeprüft.

In dieser Hinsicht habe ich mit zwei Grundschülerinnen also noch Glück. Und überhaupt: Sie kennen das Sprichwort, „Wer im Glashaus sitzt..." Denn immer öfter ertappe ich mich selbst dabei, das Mittagessen noch im Schlafanzug auf den Tisch zu bringen. Morgens geht es los mit Frühstück machen, die erste Wachmaschine anwerfen, die Töchter unterrichten, ein paar Telefonate erledigen, die Spülmaschine ausräumen, die Wäsche in den Trockner umfüllen, die Blumen gießen – das alles lässt sich wunderbar im Schlafanzug erledigen. Schlecht nur, wenn es um 11 Uhr an der Haustür klingelt und einem plötzlich siedend heiß einfällt: Es ist der Kaminkehrer. Er hatte sich sogar die Mühe gemacht, seinen Besuch schriftlich anzukündigen. Also Augen zu und durch. (Hoffentlich) souverän (wirkend) öffne ich die Haustür im Schlafanzug und führe den Mann in den Heizungskeller. Einige Tage später führe ich den Heizungsmonteur im Schlafanzug – es war ein anderes Modell – in denselben Heizungskeller – und das Gefühl dabei ist schon weniger seltsam. Und unser Paketbote meint vermutlich, ich habe gar nichts anderes anzuziehen. Auf meine Frage, ob er jetzt bestimmt die meisten seiner Kunden im Schlafanzug kenne, lächelt er nur vielsagend.

Trendanalysten sagen, dass 2021 das ganze Spektrum zwischen Homewear und wirklicher Sport-Ausrüstung – alles, was man zwischen Sofa und Yogamatte tragen kann – absolut „in" bleiben wird. Wir haben uns an diese neue Bequemlichkeit gewöhnt und werden sie nicht mehr so schnell aufgeben wollen. Werde ich also in einer Post-Corona-Zeit im Schlafanzug – es gibt ja auch ganz edle Modelle – im Büro auflaufen? Meine Kinder im Sleepshirt im Mathe-Unterricht sitzen? Mein Mann im Pyjama morgens zum Bäcker marschieren? Nein. Stopp. Wir brauchen die Kontrolle über unser Leben zurück.

Als ich mich nach 16 Jahren im Berufsleben in die Babypause verabschiedete, musste ich einer Bekannten – sie ist Inhaberin mehrerer Friseursalons und eine sehr gepflegte Erscheinung – versprechen, mich jeden Morgen wenigstens zu waschen, zu kämmen und etwas Sauberes anzuziehen, sonst würde ich die Kontrolle über mein Leben verlieren. Ich hielt mein Versprechen. Meistens. Was zwei Kinder nicht geschafft haben, darf auch Corona nicht schaffen. Morgen ziehe ich den Schlafanzug gleich nach dem Frühstück aus. Hoffentlich.

*Die Menschen in Deutschland schauen in der Corona-Zeit mehr Fernsehen, heißt es im Januar 2021 auf der Website des WDR. 72 Prozent – und damit drei Prozent mehr als im Vorjahr – besorgen sich auf diesem Weg Informationen oder suchen nach Zerstreuung. Auch unser Autor wagt einen Versuch. Und verliert sich in Abgründen der Verderbtheit.*

# ALPINES SODOM UND GOMORRHA

*Von Heinz Gläser*

**M**anche sprechen von Geiz. Ich nenne es bewusste Entschleunigung. Bezahlfernsehen oder irgendein Streamingzeug kommen mir nicht ins Haus bzw. auf die Mattscheibe. Meine televisionäre Sozialisation war mit dem Ende der Adoleszenz abgeschlossen. Erstes, Zweites, Drittes: So einfach war das in der längst verblichenen Ära der öffentlich-rechtlichen Dreifaltigkeit. Seinerzeit wusste man auch noch, wo man gerade war. Die Serien hießen Dallas, Denver-Clan oder Schwarzwaldklinik, nicht House of Cards oder Game of Thrones.

Indes, unter der Ägide eines Bundespostministers – den gab es damals noch – namens Christian Schwarz-Schilling und im Dienste der von Kanzler Helmut Kohl ausgerufenen geistig-moralischen Wende schossen die Programme ins Kraut. Die neue Unübersichtlichkeit ließ meinen TV-Konsum peu à peu erlahmen. Zumal sich der Auftrag der privaten Kanäle zunächst darin erschöpfte, blanke Frauenbrüste ins Zentrum der öffentlichen Wahrnehmung zu rücken.

Gewiss, Sender wie Arte oder 3sat möchte man nicht mehr missen. Locken sie uns Betrachter doch mit ebenso fesselnden wie filigranen Reportagen über Verwaltungsreformen in der Inneren Mongolei oder nehmen uns mit auf eine bildgewaltige Reise durch Feuerland. Insgesamt jedoch gab es über die Jahre Besseres zu tun, als zu glotzen. Kinder erziehen, Haus bauen, einen Baum pflanzen, täglich schuften – eben all das, was nach der Adoleszenz gewöhnlich so ansteht.

In der Pandemie erwachte jedoch mein Interesse an Zerstreuung vor dem Bildschirm neu. Höchstwahrscheinlich aus Mangel an Alternativen. Baum und Haus stehen ja schon, die Kinder sind längst aus Letzterem. Also begab ich mich im Lockdown gleichsam auf eine ausgedehnte Erkundungstour auf der Fernbedienung, stieß in ferne TV-Welten vor, die mir bislang verschlossen geblieben waren.

Und siehe da: Der Erkenntnisgewinn war gewaltig! Das Fernsehen, dem ich so lange schnöde den Rücken gekehrt hatte, strebt inzwischen nach Höherem. Die Bergretter! Der Bergdoktor! Daheim in den Bergen! Das pralle Leben scheint sich nur mehr auf Höhen jenseits der 1000 Meter über dem Meeresspiegel abzuspielen. Und auf den Gipfeln tun sich Abgründe der Verderbtheit auf.

Nichts ist mehr übrig von der kuscheligen Atmosphäre des Heimatfilms der Fünfzigerjahre, als fesche Burschen und keusche Madln eineinhalb Fernsehstunden Anlauf bis zum ersten Kuss nahmen. Die Protagonisten heutzutage mögen vornehmlich in medizinischen Berufen tätig sein, sind aber primär unermüdliche Schürzenjäger und Wilderer im immerwährenden Kampf der Geschlechter. Auf diesem Sittengemälde röhrt nicht mehr der Hirsch, sondern der Arzt. Die Zahl unehelich gezeugter Kinder und gschlamperter Verhältnisse ist in diesen montanen Dramen Legion, die Standesämter beurkunden im Akkord illegitime Geburten. Ein alpines Sodom und Gomorrha!

Von wegen „Auf der Alm, da gibt's koa Sünd"! Wer unter diesen Vorzeichen eine Sommerfrische in den Alpen bucht, sollten wir jemals wieder verreisen dürfen, der möge sich sittlich wappnen, sollte moralisch gefestigt sein.

Ich schalte derweil lieber um zur altehrwürdigen Sportschau im Ersten, in der junge Männer in kurzen Hosen und mit strammen Waden auf dem Rasen dem fiesen Virus trotzen. Fußball hat nichts Anstößiges, von den Gehältern mal abgesehen. Natürlich könnte ich mir auch ein Sky-Abo buchen und ohne Unterlass packende Duelle aus der zweiten rumänischen Liga gucken.

Aber wie gesagt, Bezahlfernsehen kommt mir nicht ins Haus.

*Wie beschäftigt man ein Kindergartenkind, während man im Homeoffice konzentriert seiner Arbeit nachgehen muss? Es ist ein täglicher Hürdenlauf, den die lernfähigen Kinder immer gekonnter zu ihren Gunsten entscheiden. So kommt eine Studie des Deutschen Jugendinstituts zu der nicht wirklich überraschenden Einordnung, dass der Medienkonsum seit Frühjahr 2020 deutlich gestiegen ist. Wortwörtlich heißt es: „Die Zahlen deuten darauf hin, dass der ‚digitale Babysitter' in einigen Familien zum Einsatz kam."*

## MONTAG IST HUNDEHÜTTENTAG

*Von Katrin Böhm*

Mama, spielst du mit mir Lego? Diesen Satz habe ich im letzten Jahr etwa 7398 Mal gehört. Mindestens. Unser Sohn war fünf, als die Pandemie begann. Ein ganz normaler Tag sah für ihn bis dato so aus: aufstehen, frühstücken, acht Uhr Kindergarten-Beginn. Spielen, toben, lachen bis um vier – der Job eines Fünfjährigen. Dann mit Opa, Papa oder Mama nach Hause, ein bisschen Lego spielen, fernsehen, Abendessen, um acht todmüde ins Bett.

Am 13. März 2020 war mein Sohn seinen Job los. Fristlos entlassen. Von einem Tag auf den anderen. Dabei hat er seine Arbeit so geliebt. Seine Aufgabe fortan war: keine. Im schlimmsten Fall: nicht zu nerven, während Mama und Papa versuchen, im Homeoffice halbwegs konzentriert zu arbeiten und der große Bruder sich durchs Homeschooling kämpft.

Die ersten Tage ging das gut. Unser Sohn entdeckte das Spielezimmer neu, kramte aus den Untiefen irgendwelcher Kisten im Schrank längst verloren geglaubte Spielzeuge hervor, baute Stofftier-Burgen und meterhohe Lego-Duplo-Fahrzeuge. Fantastisch, dachten wir, läuft, alles easy. Doch je länger der Lockdown, desto kürzer die

Zeitspanne, in der der Fünfjährige seine Legosteine als würdigen Ersatz für seine Freunde akzeptierte. Die allerdings – das hatte er kapiert, wenn auch nicht verstanden – durften nicht bei ihm sein. Die logische Schlussfolgerung: einen zumindest halbgaren Ersatz sollten Papa oder Mama bieten. Und das bitteschön sofort. Jetzt. JETZT. JETZT!

Ob Mama gerade noch an den letzten 25 Zeilen für ihren Artikel schrieb: egal. Mama, kannst du mit mir die Polizeistation aufbauen? Ob Mama gerade ein Telefoninterview zur Pandemie mit einem Klinikchef führte: egal. Mama, malst du mit mir ein Riesenelefantenhaus? Ob Mama gerade an der täglichen Konferenz mit ihren Kollegen teilnahm: egal. Mama, wann bist du fertig? Wir haben alles probiert. Wir haben versucht, ihn bei uns im Homeoffice zu integrieren. Haha, was waren wir naiv. Wir haben ihm einen eigenen Stuhl geholt und mit an unseren Doppelschreibtisch gesetzt – dazu ein Malbuch, auf dem er mit Strichen Punkte verbinden sollte. Das hat in etwa 5,3 Minuten lang funktioniert. Dann war das Bild fertig. Komm, mal noch ein zweites. Na gut. Weitere dreieinhalb Minuten Zeit waren gewonnen. Spätestens nach Bild drei war die Luft raus – mein Interview aber noch lange nicht fertig geschrieben.

Also, nächster Versuch: Sohn liegt auf dem Bett neben dem Schreibtisch, hört Hörspiele. „Komm mit nach Leeego City" kann ich seither jederzeit sofort anstimmen, auch wenn mich nachts um drei jemand anrufen und darum bitten würde. Straßenkehrerin Shirley Sauber ist meine neue beste Freundin, sollte es irgendwo brennen, würde ich sofort Feuerwehrmann Clemmons anrufen. Immerhin habe ich in keinem Artikel den Oberbürgermeister von Neumarkt mit Lego-Bürgermeister Solomon Fleck verwechselt. Wir haben uns nach 57 Folgen darauf geeinigt, dass Hörspiele lieber im Kinderzimmer gehört werden sollten.

Und irgendwann begriff unser Sohn: Die neue Konstellation zu Hause bedeutete ungeahnte, nie dagewesene Möglichkeiten, die er sich nur jetzt zu Nutze machen konnte. Schnell hatte er den Bogen raus: Ich muss nur lange genug am Blusenärmel zerren, während

Mama telefoniert – und sie greift in die Schublade ihres Schreibtischs und gibt mir einen Kaugummi. Ich muss nur lange genug an die Tür klopfen – und sie erlaubt mir, auf dem Tablet mit der Anton-App zu spielen. Ich muss nur lange genug jammern – und ich darf Sendung mit der Maus, Wickie oder Dschungelbuch anschauen. Und wenn es ganz gut läuft, darf ich sogar das Wohnzimmer verunstalten.

So kam es, dass unser fünfjähriger Sohn irgendwann den Montag zum „Hundehüttentag" erklärte. Das bedeutete: Ein riesiger Karton, in die das Christkind zwei Bobs für die Kinder gepackt hatte, musste aus dem Keller geholt werden und nahm an diesem Tag das halbe Wohnzimmer ein. Nur schwer konnten wir ihn abends wieder davon überzeugen, dass am nächsten Tag Dienstag und damit definitiv kein Hundehüttentag sei. Unser Sohn selbst wurde montags zum Hund, rannte bellend, hechelnd und winselnd auf allen Vieren durchs Haus. Weil wir keinen Hund haben, gibt es bei uns auch keine Hundeleine – zumindest war das bis zum Hundehüttentag so. Als unser Sohn diesen wöchentlichen Feiertag bei uns einführte, habe ich (ja, tatsächlich) eine Hundeleine bestellt, die wir ihm fortan auch bei Spaziergängen im Wald anlegen sollten. Ja, manche Spaziergänger haben seltsam geguckt, und ja, wir haben uns ein bisschen Sorgen um den Zustand unseres Sohns gemacht.

Ehe die Sorgen zu groß wurden, kam der Hundehüttentag außer Mode, dafür wurde das Sofa zum Abenteuerspielplatz umgerüstet. Während wir an unseren Notebooks im Homeoffice im zweiten Stock saßen, riss unser Fünfjähriger im Erdgeschoss die Polsterauflagen von der ohnehin vom Alter gezeichneten Couch, stapelte sie aufeinander, baute eine Rutsche und Höhlen, nutzte das Sofa als Trampolinersatz. Gefragt hat er nicht. Auch nicht, als er die frisch gepflasterte Terrasse zum Matsch-Spielplatz erklärte, die Erde aus dem – bereits mit Erdbeeren bepflanzten – Hochbeet ausgrub, in Töpfe und Becher stopfte, den Gartenschlauch ausrollte und alles unter Wasser setzte.

Und natürlich erst recht nicht, als er im Spielzimmer Stühle auf den Tisch gestellt hat und hochgeklettert ist, um so die Aussicht auf das Chaos auf dem Boden besser genießen zu können. Eigentlich ganz erstaunlich, dass wir im letzten Jahr nur ein einziges Mal in der Notaufnahme gelandet sind. Drei Stiche nach einer Platzwunde, dann war alles wieder gut. An einen weiteren Lockdown wollen wir gar nicht denken.

*Abstand halten. Das ist seit Ausbruch des Virus die oberste Prämisse. Hände schütteln, umarmen, auf die Schulter klopfen ist nur noch im eigenen Hausstand erlaubt. Großeltern, Eltern, Freunde müssen wir uns vom Leib halten. Das macht einsam und manchen auch krank. In der norddeutschen Zeitung „buten un binnen" rät ein Psychotherapeut: „Lieber Bäume umarmen als gar keinen Körperkontakt." Aber wer, bitte schön, denkt dabei an die Bäume?!*

# POSTBLITZ: DER WALD IM WÜRGEGRIFF

*von Martina Hutzler*

Die Wissenschaft erforscht derzeit, ob und wie Bäume untereinander kommunizieren. Wir haben die Ergebnisse gar nicht erst abgewartet, sondern die Chance bei der Wurzel gepackt: Für die Corona Chroniken konnten wir ein Exklusiv-Interview mit A.Horn führen, Sprechbaum der „Schutzgemeinschaft Selbstbestimmter Deutscher Wald" und führender Wald-Immunologe an der Baumschule Drei Eichen. Der Anlass ist ernst: Der 143-jährige Wirtschaftswald-Weise aus Forst bei Regensburg beobachtet seit März 2020 eine dramatische Zunahme posttraumatischer Blitzumarmungsstörungen – kurz PostBlitz –, insbesondere bei Buchen und Tannen mittleren Stammdurchmessers. Diese Störungen dürften verwandt sein mit dem Shinrin-yoku-Syndrom, an dem bislang nur japanische Bäume litten. Mittlerweile scheint der Vormarsch dieses Human-Erregers auch im deutschen Tann unaufhaltsam.

*Herr A.Horn, wir alle kennen die posttraumatische Belastungsstörung. Aber was versteht man unter Posttraumatischer Blitzumarmungsstörung?*

Wir fassen unter diesem Sammelbegriff langanhaltende Panik-Reaktionen zusammen, die von Human-Krankheitserregern ausgelöst werden. Dabei handelt sich um mehr oder weniger bewegliche Lebewesen mit je zwei unbelaubten Ästen und pfahlartigen Stelzenwurzeln. Sie sind unfähig zur Photosynthese und ernähren sich daher räuberisch. Übrigens sehen S i e diesen Wesen auffällig ähnlich…

*Ach – bestimmt nur Zufall…*

Jedenfalls sind diese Erreger vom Typ Homo wanderwegensis schon länger bekannt. Sie sind lärmintensiv und forsch im Auftreten – die deutsche Bezeichnung Waldtrampel spricht da Bände –, gelten aber ansonsten als harmlos. Nun aber, seit gut einem Jahr, zeigen immer mehr von ihnen eine gefährliche Verhaltensmutation: Sie dringen abseits ausgewiesener Wege explosionsartig in unsere Waldsiedlungen ein und setzen zu neuartigen Attacken an. Wir sprechen mittlerweile von einer eigenen Unterart, dem Homo waldbadensis, zu Deutsch Waldbadel.

*Was zeichnet diese Unterart aus?*

Nun, die mutierten Waldtrampel nähern sich meist in meditativ-verschworenen Gruppen und verteilen sich zwischen den Bäumen. Es folgt eine kurze Inkubationszeit: Hier versuchen die Eindringlinge zunächst, Gerüche, Geräusche und Farben des befallenen Baumbestands aufzusaugen – auch Vögel, Blumen und Moose fühlen sich dadurch übrigens zunehmend verfolgt und beobachtet. Einige der Eindringlinge kontrollieren währenddessen ihren so genannten Blutdruck. Bei anderen wurde eine Verhaltensweise namens „Seele baumeln lassen" beschrieben; die organischen und physiologischen Grundlagen hierbei sind uns aber noch völlig unbekannt. Das alles sind Ablenkungsmanöver vor der eigentlichen Attacke, wie wir längst wissen.

*Wie läuft so eine Attacke ab?*

Dazu muss man wissen: Die Gruppe wird von einer Art Badefachkraft geleitet. Manche scheinen diese Funktion spontan zu übernehmen; andere werden wohl in baumschulähnlichen „Volkshochschulen" gebildet. Auf ein noch unbekanntes Signal der Badefachkraft hin stürzen sich alle anwesenden Exemplare von Homo waldbadensis auf einzelne unserer Bäume und umklammern diese teils so heftig, dass es kurzzeitig zum Stillstand des Saftflusses im Stamm kommen kann. Zum völligen Erwürgen fehlt den Angreifern offenkundig die Kraft, aber da bleibt abzuwarten, wie sie noch weitermutieren. Zum Glück lassen diese Waldbadel ebenso unvermittelt wieder von den Bäumen ab; ein dauerhaftes Umklammern ist in der Waldliteratur bislang nicht beschrieben. Aber es treten bereits Verhaltens-Varianten auf.

*Zum Beispiel?*

Aus dem Münchner Hofgarten ist eine untypische Attacke eines einzelnen Waldbadels dokumentiert, dem Verhalten nach eine besonders bedeutsame Badefachkraft. Er umklammerte innig eine Grün-Erle, zeigte dabei aber zeitgleich das so genannte Süßholz-Raspeln, eine offenbar nur alle fünf Jahre auftretende Lock-Strategie, fachsprachlich „Södern" genannt. Begleitet wurde er von einer aufgeregt und ziellos herumschwirrenden Variante der Waldbadel, die keine Bäume umklammern, sondern Kameras, Stifte und Kleincomputer.

*Welche Symptome zeigen Bäume nach einer Umarmungsattacke?*

Eine beunruhigend vielfältige Palette. Sie reicht vom vorzeitigen Laub- und Nadel-Abwurf über die rötliche Verfärbung der Rinde als Ausdruck eines – freilich völlig unbegründeten – Schamgefühls bis hin zu einem auto-aggressiven Verhalten, das in der Fachliteratur als Ausschlagen beschrieben wird und erst im darauffolgenden Frühjahr auftritt. Im schlimmsten Fall setzt das gefürchtete Waldsterben ein. Als Nebensymptom wurde außerdem ein irreversibles Erbleichen beobachtet; hervorgerufen wird es wohl dadurch, dass viele Waldbadel Essen und Getränke in unsere Siedlungen mitbringen, hier verzehren und ihre hochaggressiven Stoffwechselprodukte noch vor Ort entsorgen. Betroffen sind dabei vor allem unsere Revierkollegen vom Pflanzring Busch und Böschung. Insgesamt ist das PostBlitz-Phänomen inzwischen auf mehreren Fachblättern beschrieben.

*Gibt es schon baumeigene Immun-Reaktionen?*

Das Ausscheiden von Harz samt Abgabe an die Waldbadel zeigt erste ermutigende Ansätze. Allerdings müssen Menge und Verteilung der erforderlichen Harzgaben noch nachjustiert werden. Beim jüngsten Wipfeltreffen des Bund-Länder-Baumrats wurden daher Harzreformen ins Auge gefasst. Erste Erfolge erzielte auch der Einsatz von Schlingpflanzen und Würgefeigen. Aber es gibt noch keinen 100-prozentig wirksamen Schutz. Deshalb hilft bis auf Weiteres nur eines: zusammenstehen. Dann nämlich, zeigt eine Studie der Heinrich-Haine-Universität, sehen die Waldbadel den Wald vor lauter Bäumen nicht.

*Die Pandemie hat unzählige Schlagzeilen produziert. Täglich. Überall auf der Welt. Aber auf der Suche nach einem Artikel, wie sich die Männer im Homeschooling geschlagen haben, bleibt die Internet-Abfrage nahezu trefferlos. Deshalb scheint unser Autor eine rühmliche Ausnahme zu sein. Vielleicht hat er sich ja auf Vaterfreuden.de informiert. Dort gibt es zumindest die fünf besten Tipps, wie man im Homeoffice arbeitet, wenn Kinder da sind.*

# DIE NEUEN LEIDEN DES HAUSMANNS

*von Martin Rutrecht*

Jahrtausende haben wir diese letzte Bastion verteidigt, uns mit Haut und Haar gewehrt. Und nun genügte ein winziges Teilchen namens Covid-19, um alles auf den Kopf zu stellen. Wir Männer haben unsere gottgegebene Vormachtstellung gegenüber den Frauen verloren. Freudentänze würden wir darbieten, hätten wir zumindest Gleichberechtigung und eine aufrechte Haltung bewahrt. Aber nein, wir sind Untertanen.

Die Beweisführung? Bitte: Einzig „Mütter" waren im Homeschooling gefordert, einzig „Frauen" hatten im Lockdown den Haushalt zu meistern. Das weibliche Wesen schaffte es, dies und dazu Homeoffice, Beziehung etc. im traumwandlerischen Akt der Balance auszutarieren. Und wir, Hausmänner, Väter?! Wir wurden schlicht vergessen, waren nicht eine Schlagzeile wert (offenbar dominieren Frauen die Medien). Auch wir hatten Homeschooling, Homeoffice, Haushalt, Herd – zumindest ein Teil von uns. Etwa ich.

Wenig Wahlmöglichkeit hatte ich angesichts der bestechenden Analyse meiner Frau: „Meine Arbeit ist systemrelevant, du kriegst den Hauspart." Dergestalt auf den Hausmanns-Thron gehievt, nahm ich meine Rolle intensiv wahr, schon morgens. Ein Frühstück erübrigte sich, eine Aufwachphase von drei Minuten vor dem Home-schooling musste genügen. Erstaunlicherweise schafften es meine beiden Kinder – 15 und 12 Jahre alt – in der knappen Zeit auch unter die Dusche. Der Wasserverbrauch sank. Die Tücken der Technik in Heim-Schule und Heim-Büro bleiben mir ein Rätsel. Ich stieg nie durch, warum bei drei laufenden Laptops immer einer streikte, ab-wechselnd surften wir im digitalen Korridor zu Schule und Arbeit. Was den Vorteil hatte, dass jeder für sich das Frühstück separat nach-holen konnte – eine effiziente Form der Hausmänn'schen Einteilung. Hätten wir nicht schon eine Schlagzeile verdient? „Väter – die neuen Alexas".

Gut, richtig überzeugend wurde es erst beim Mittagessen. Auf der Menükarte stand „Tiefkühlgemüse", wahlweise mit „Mini-Steaks" entweder nach „Bauern-Art" oder „Mexikanisch". Die Vielfalt erwei-terte sich auf Wiener Würstchen und Fertigpizza. Auch To-Go hatten wir im Angebot: Ich holte Leberkässemmeln und Salat in Plastikscha-len. Meine Frau fand milde Worte: „Was du machst, ist kein Essen!" Die Anmerkung, ich hätte schließlich auch meine Arbeit und ergo wenig Zeit, ging unter.

Leichte Frustration beschlich mich. Man gibt alles und erntet Un-dank. Aber Mann hält durch.

So wurde auch der Nachmittag konsequent durchexerziert. Ler-nen, Küche aufräumen, Wäsche machen, Freilufteinheit. Nach unge-zählten Wäschekörben frage ich nachdrücklich: Warum legen wir Unterhosen zusammen, warum T-Shirts, Hosen? Eine Pandemie-Vor-schrift, die besagt, dass dadurch das Virus erdrückt wird, konnte ich nicht entdecken. Und die Wäsche glättet doch auch so am Körper. Ebenso ungeklärt: Warum reicht am Morgen verwendetes Geschirr nicht auch fürs Abendbrot? Wir schonten Geschirrspüler, Stromver-brauch und Umwelt. Kinder und Frau meinten: „Ekelig." Ich hätte mehr Anerkennung erwartet für neue Ideen. Im Internet wäre ich längst „Guru für Entschleunigung". Bildete ich mir ein.

Verkündet wurde aber: „Mütter leiden unter Belastung". Wieder kein Wort von „geplagten Vätern", „aufopferungsvollen Hausmännern". Zumindest meine Kinder hatten ein Einsehen. Sie rissen die Koch-Hoheit an sich. Plötzlich setzten Tochter und Sohn Suppen auf, brieten Steaks und machten frischen Salat. Winkte ich mit Tiefkühlkost, ging ihr Blick zu Boden. Binnen Wochen vollbrachte ich, was Mütter ein Leben lang vergeblich an ihrem Nachwuchs versuchen: Sie kochten selbst – und das mehr oder minder freiwillig. Ich hätte auch mit Fertigpizza, garniert mit Wienerl, durchgehalten.

Bei zusätzlichen Aufgaben wie Putzen hielten wir uns zurück. Schließlich brauchten wir Ruhephasen, wussten wir doch nicht, wie lange der Lockdown dauern würde. Ich will nicht verhehlen, dass die allgemeine Zufriedenheit nicht exorbitant war. Es staubte im wahrsten Sinn des Wortes. Ich bekam „Hausfrauen"-Frust, meine Frau zweifelte an meiner Vorbild-Funktion gegenüber den Kindern. Den dialektischen Einwand von der Wirkung des abschreckenden Beispiels ließ ich bleiben. Eine positive Gesamtnote würde auch das nicht einbringen.

Ich höre die Signale. „Diese Mannsbilder! Jetzt tun's einmal was daheim – schon klagen's über fehlendes Lob!" Aber darf Hausmann nicht ein wenig um Aufmerksamkeit heischen? Wir wagten uns auf ungekanntes Terrain, befassten uns mit Haushalt, Küche und Kindern. Uns dürstet nach Anerkennung und wir stimmen (wenn es sein muss) mit allen Frauen gemeinsam ein: Lasst uns endlich gleichberechtigt sein!

*„Die sechs lustigsten Ideen", „die zehn witzigsten Spiele", „die fünf besten Gesprächsthemen": Ratgeberseiten überschlagen sich in diesen Tagen mit Ideen, wie ein Mädelsabend, ein Junggesellenabschied, ein Geburtstag digital gefeiert werden kann. „Wienerin.at" rät ihren LeserInnen sogar dringend zu solchen virtuellen Treffen – um nicht irgendwann Selbstgespräche mit dem Toaster zu führen.*

# WETTWICKELN VIA ZOOM

*von Anna-Maria Ascherl*

**M**ein Auftrag war, darüber zu schreiben, wie sehr es mich schmerzt, aufs Weggehen zu verzichten. Und wie sehr wir „Jungen" zum Beispiel Ü30-Partys vermissen. Da muss ich mich wohl erst einmal outen: Ich, End-Zwanzigerin, trage daheim Jogginghose und keinen BH, und trinke gerne ein, zwei, drei Bier mit Freunden. Ich war noch nie auf einer Ü30-Party, weil ich mich dafür immer zu jung hielt. Und als ich dann alt genug war, waren Diskos nicht mehr so mein Ding. Ich bin nie die Erste, die „Hier!" schreit, wenn's um die Gästeliste für Pearls oder MIA geht, wie Diskos bei uns auf dem Land heißen. Um sich dann dort womöglich bis fünf Uhr früh als Nichtraucher auf der Raucherterrasse den Arsch abzufrieren? Die Zeiten sind vorbei.

Ich gehe wahnsinnig gerne tanzen – aber dazu brauche ich jemanden, der mittanzt. Mein Freund lässt sich dazu nur widerwillig überreden. Meine Mädels, mit denen ich in Passau studiert und dort die legendären Boots-Partys durchtanzt habe, sind in alle Richtungen zerstreut. Und da Tanzen über Zoom nur als Zumba-Kurs richtig gut funktioniert, braucht's neue Ideen für den Mädelsabend. Und die gibt es, zuhauf!

Vor Corona hat meine Passau-Clique versucht, sich einmal im Jahr zu treffen. Was echt schwierig ist: Wir haben eine Weltenbummlerin, eine Neu-Schottin, Schwäbinnen und Bayerwaldlerinnen im Team. Einmal im Jahr alle im selben Land zu sein und zur gleichen Zeit frei zu haben (Lehrerin vs. Studentin vs. Journalistin usw.), ist schon eine Leistung. Corona macht das alles um einiges einfacher. Jetzt schaffen wir es, einmal im Monat einen Spieleabend über Skype zu veranstalten.

Was ich dabei gelernt habe: Stadt-Land-Fluss wird witzig, wenn du nach der Todesursache fragst. Kleiner Tipp: „Pfeilgiftfrosch" für „P" funktioniert. Auch gut, weil präziser: Mordwaffe. Und ja, man braucht viel Fantasie, um „Wickelkleid" anzuerkennen. Aber mei, was soll's: Wir sind doch alle nachsichtiger geworden in der Pandemie, oder? Beweist auch folgendes Beispiel: Meine Freundin zählt unter der Kategorie „Promi" gefühlt alle Handballspieler auf, die es auf der Welt gibt. Was sollst du darauf groß sagen? „Sorry, Handball interessiert großzügig gerechnet maximal ein Drittel der Deutschen. Die Spieler als Promis zu bezeichnen ist in etwa so, als würdest du von meinem Vater erwarten, alle Kardashians zu kennen." Nein, sagst du eben nicht. Weil du deine Freunde schon ewig nicht mehr im echten Leben gesehen hast, du sie liebst und diese virtuellen Begegnungen deinen Abend retten. Und der halbe Liter Rotwein, der dabei drauf geht.

Zurück zum Thema Ausgehen: Wir haben schon festgestellt, dass die Gaudi einfach größer ist, wenn man sich coronakonform über den Bildschirm zuprostet, statt Superspreader-Events zu veranstalten. So auch geschehen bei der ersten Babyparty meines Lebens. Nein, Glückwünsche sind nicht angebracht – ich war nur Ausrichterin/Trauzeugin/Schulfreundin. Die Idee dazu hatte eine Freundin der werdenden Mama. Schnell waren Mitstreiter*innen gefunden. Ja, der Stern ist Absicht. Obwohl es in der Oberpfalz eher Brauch ist, dass Männer sich treffen, nachdem das Kind da ist, um es „bieseln" zu lassen – und sich dabei gscheid zu betrinken –, verabreden sich Frauen neuerdings zu Babypartys, um vor der Geburt Erfahrungen auszutauschen, dabei (alkoholfreien) Sekt zu kippen und über

Babynamen zu beraten. Doch Corona verändert so einiges. Als wir den werdenden Papa in unsere Pläne einweihten, um uns seine Komplizenschaft zu sichern, hat er sich gleich mit eingeladen. Uns war's recht, mussten wir niemanden mehr organisieren, der mit der Mama Babybrei verkostet oder ein Wett-Trinken aus der Nuckelflasche veranstaltet. Seien wir ehrlich, darum hätte sich niemand gerissen: Weißbier durch einen Sauger zuzeln? „Gartengemüse mit Reis und Huhn" erraten? Pfui Deibel.

Was soll ich sagen: Der Abend war überaus amüsant. Das bereits gepriesene Verständnis für Randgruppen (hier: Erst-Wickler) kam auch wieder zum Einsatz. Ein Auszug aus dem Wett-Wickeln:

Er hält die winzige Puppe hoch: „Wie soll ich die denn wickeln? Da passt ja das ganze Baby in die Windel."

*Wir: „Mei, versuch's halt einfach mal."*

Sie: „Puh, ich weiß gar nicht, wie herum man die Windel hält..."

*Wir: „Da sind vorne süße Tierchen drauf."*

Er: „Ja fix..."

*Wir schlürfen Sekt und sind zufrieden.*

Sie: „Ich hab's!!!! Stimmt das so?" und hält ein in die Jahre gekommenes, müde lächelndes Püppchen in die Höhe, weil ich kein anderes finden konnte, dem meine Nichten und Neffen oder meine Geschwister und ich nicht schon Arme, Beine und Augen ausgerissen haben.

*Wir: „Jaaa, sehr gut!"*

Er gefühlt nur „Sekunden" später: „Naja, besser geht's nicht mit der kleinen Puppe."

*Wir: „Ach, das hast du gut gemacht! Muttermilch wird die Windel schon aushalten. Bis da unten mehr rauskommt, bist du Profi-Wickler!"*

Sie sehen: Verständnisvoll nicken und gut zureden haben wir wirklich gut drauf.

Nach drei Stunden mit komischen Spielen, Rätselraten über die Künstler bemalter Strampler und ratschen sind sich alle einig: Gut, dass wir's gemacht haben. Freilich machte Corona die Organisation der Party etwas kompliziert: Nachdem mir eine Mitstreiterin Textilstifte per Post zugeschickt hatte, konnte ich einen der von mir bestellten Strampler bemalen. Dann packte ich sie in eine Tasche und fuhr sie 27 Kilometer im Auto zur nächsten Freundin – die sie wiederum bei der nächsten abgab und so weiter. Die Babyparty hat ganz schön viele Kilometer gefressen. Aber das war's wert! Und der zukünftige Papa kann sich noch beim Abschlussball seiner Kinder damit brüsten, schneller Weißbier zu zuzeln als die Mama Wasser.

Das ist es doch, was Freundschaft ausmacht: Auch in seltsamen Zeiten zusammenhalten, sich etwas überlegen – und zusammen weiter verrückt sein. Damit man auch Ü30 noch gemeinsam die Nächte durchtanzen kann, ob in der Disko oder auf dem Balkon.

*Die Fitness-Studios sind seit Monaten geschlossen. Gemeinschaftssport ist im Shutdown verboten. Doch auf YouTube werden wir täglich mit neuen Workout-Videos versorgt. Der Stern schreibt schon im März 2020: „Home-Workouts erleben einen riesigen Boom - einige Anbieter verdienen nun gutes Geld mit dem Schweiß in den eigenen vier Wänden."*

# HINTERN HOCH!

*Von Isolde Stöcker-Gietl*

Toktoktok. Toktoktok. So fing es an im März 2020. Jeden Nachmittag im Bad. Toktoktok, Toktoktok. So eine Art Sechs-Achtel-Takt, wenn Sie verstehen, was ich meine? Zwischendurch war Röcheln zu hören, manchmal auch Stöhnen. Toktoktok. Und nach etwa 30 Minuten noch ein ordentlicher Wumms. Als wäre ein Sack Reis auf die Fliesen geknallt. Aber es war meine Teenager-Tochter am Ende ihrer körperlichen Leistungsfähigkeit. Ziemlich verschwitzt, mit dem iPad in der Hand und ihrem Handy am Ohr, tauchte sie dann kurz darauf stets gut gelaunt aus dem Bad auf. Sie mache jetzt gemeinsam mit ihrer Freundin Sport, vermeldete sie. Gibt's das wieder, fragte ich naiv. Mir fiel bei Mitmach-Sport nämlich nur die Tele-Skigymnastik mit Rosi Mittermaier, Christa Kinshofer und Toni Sailer ein, damals in den 1970ern. Und vielleicht noch Aerobic im ZDF. „Breakdance" hieß das, erinnerte ich mich. Und Eisi Gulp war der Vorturner. Das Kind stöhnte. „Mama, auf YouTube gibt's eine riesige Auswahl an Fitnessprogrammen." Dann ratterte sie eine Liste von Namen herunter. Pamela, Paulina, Lilly. „Da findet sich auch etwas für unsportliche Frauen wie dich", bekam ich zu hören. Das wollte ich auf keinen Fall auf mir sitzen lassen. „Ab morgen turne ich mit", versprach ich. „Und zwar DEIN Programm!" Die jüngere Tochter wollte an diesem Spektakel ebenfalls teilhaben. So gab von nun an Chloe Ting ihre tägliche Vorstellung bei uns.

Jeden Abend nach Homeschooling und Homeoffice versammelten wir uns zu dritt im Wohnzimmer, um an der sogenannten „Two Week Shred Challenge" teilzunehmen. „Get Abs in Two Weeks" lautete das Versprechen. Also auf Deutsch: Bauchmuskeln innerhalb von zwei Wochen. Gut, dachte ich mir. Dann hast du es ja in absehbarer Zeit hinter dir. Vielleicht sogar schneller als den Lockdown. Wie viele der anderen 17,2 Millionen Menschen weltweit, die Tings YouTube-Kanal folgen, motivierten sich wohl ähnlich?

An den ersten qualvollen Tagen sehnte ich mich nach Rosi Mittermaier. Wie sie damals ganz simpel nach links und rechts hüpfte oder in der Hocke verharrte. Sehen, verstehen und nachmachen. Alles ganz easy. Ein bisschen Trocken-Wedeln, drei Minuten Schussfahrt in den Oberschenkeln. „Noch vier, drei, zwei." Fertig.

Jetzt knallte mir Frau Ting Begriffe wie „Spiderman Plank", „Up and Downs" oder „Penguin Crunch" um die Ohren. Jede Foltereinheit dauerte 30 Sekunden. Bis ich überhaupt begriff, was zu tun war, war schon wieder ein Positionswechsel gefordert. Neben mir die kichernden Töchter. „Mama, das schaut so lustig bei dir aus", kommentierten sie die vergeblichen Versuche, den Hintern allein mit den Bauchmuskeln elegant nach oben zu befördern. Es kam nicht mehr als ein Strampeln dabei raus. Auch sonst war ich von Bella Figura weit entfernt. Der Penguin Crunch war bei mir mehr watschelnder Pinguin. Beim Russian Twist, einer Art Bauchdrehung bei angehobenen Beinen, kippte ich in die Embryonalhaltung. Das hochgerutschte Shirt legte gleich noch elegant den formidablen Rettungsring über dem Bund der Jogginghose frei. In two weeks? Das wird knapp.

Es war aber eh noch immer Lockdown. Wir machten einfach weiter. An manchen Tagen konnte ich kaum die Treppen im Haus steigen. Ich trainierte Muskeln, von denen ich bis dahin nicht wusste, dass sie da waren. Nach einigen Wochen entdeckte ich dann im Spiegel erste Konturen unter dem Fettgewebe. Sollten das diese Abs sein, die mir Chloe jeden Tag in ihrem Bauchfrei-Outfit unter die Nase hielt?

Die Motivation stieg, als der Knopf meiner Lieblingsjeans wieder ohne Luft anhalten zu schließen war. Doch das Team begann zu schwächeln. Die Zwölfjährige hatte sich schon losgeeist und wollte lieber richtig Rad fahren statt vor dem Fernseher mit den Beinen Tretbewegungen nachzuahmen. Die Teenager-Tochter hatte wiederum ihr Wunschgewicht erreicht und wollte nun die Corona-Lockerungen nutzen, um mit ihren Freunden an der Donau zu chillen. Zurück blieben Chloe und ich.

Ich schaute nur noch jeden zweiten Tag bei ihr vorbei, zappte auch mal durch andere Fitness-Kanäle und entdeckte schließlich ein ABBA-Dance-Workout. „Jetzt hast du ja was Passendes für dein Alter gefunden", witzelte mein Mann. Er durfte anschließend drei Tage alleine im Ehebett verbringen. Nicht wegen seines Spruchs, sondern weil mein Gesäß und die Oberschenkel so brannten, dass ich im Erdgeschoss übernachten musste.

Chloe und ich sehen uns immer noch. Sie flutet ihren Kanal ja auch ständig mit neuen Übungen. Bei manchen Programmen bin ich mir nicht sicher, ob das noch Bauch-Beine-Po oder schon Tantra-Sex ist. Ich bleibe beim Klassiker. Neulich hat übrigens mein Teenager mal wieder mitgeturnt. Und, was soll ich sagen: Sie war ganz schön aus der Puste. Und Mama machte Bella Figura in ihren neuen Abs!

*„So sollen die Erstkommunion-Feiern in Corona-Zeiten gerettet werden",*
*titelt im Mai 2020 das katholische Magazin „Kirche + Leben". Dieser*
*besondere Tag, auf den sich die Kinder in ihren Pfarreien lange vorbereitet*
*hatten, wurde immer und immer wieder verschoben. Es brauchte nicht nur*
*Durchhaltevermögen, sondern auch ein hohes Maß an Kreativität, um die*
*jungen Christen doch noch am Tisch des Herrn zu versammeln.*

# KOMMUNION-VORBEREITUNG XXL

*von Petra Beer-Dausch*

**E**s ist Ostersonntag. Kurz vor fünf. Noch ziemlich verschlafen versammelt sich die ganze Familie auf dem Sofa. Mein Mann hat schon am Vorabend den PC im Wohnzimmer aufgebaut, damit der Livestream stabil läuft. Auferstehungsfeier vor dem Fernseher – so hatten wir uns das mit einem Kommunionkind nicht vorgestellt. „An Ostern, da kannst du dir gleich ein Zelt in der Kirche aufstellen", rieten uns Bekannte augenzwinkernd, deren Tochter ein Jahr zuvor ihre Erstkommunion gefeiert hatte. Messe vom letzten Abendmahl mit Fußwaschung für die Kommunionkinder am Gründonnerstagabend, Feier vom Leiden und Sterben Christi am Karfreitagnachmittag, Besuch am Heiligen Grab am Samstagvormittag und schließlich die Osternachtfeier am Sonntag um 5 Uhr – keine schlechte Idee mit dem Zelt. Aber nicht für Ostern 2020. Wir stecken mitten im ersten Lockdown. Die Kirchen sind zu. Die Schulen auch. Die Kommunionvorbereitung läuft mittlerweile über Arbeitsaufträge per Mail, die unsere Tochter bearbeitet und wir alle zusammen dann in einem Kuvert in die Kirche bringen. Und hoffen, dass wir dabei zufällig unseren Pfarrer oder einen Mitschüler mit seiner Familie treffen.

Am Sonntag, 26. April, sollte eigentlich der große Tag sein. Darauf hatten sich die Kinder seit Herbst vorbereitet. Im Religionsunterricht in der Schule, bei wöchentlichen Schülermessen, bei Vorstellungsgottesdienst und Beichtfest – und zunächst auch bei Tischgruppen-Treffen. Es war eine schöne Gemeinschaft gewachsen. Dann kam Corona.

Schnell war klar, dass der 26. April keine Option mehr war. Es gab einen Ausweichtermin ein paar Wochen später, auch der wurde verworfen. Zwar konnten wieder Gottesdienste stattfinden, aber nur mit strengen Auflagen und immer noch keine Feier mit der Familie danach. In allen Pfarreien fingen die Diskussionen unter den Eltern und die Suche nach Lösungen an. Die Erstkommunion an mehreren Terminen in kleinen Gruppen feiern? Den Gottesdienst im Freien abhalten? Einen neuen Termin im August oder gleich erst im Herbst festlegen? Oder vielleicht sogar aufs nächste Jahr verschieben? Es gab viele Lösungsansätze.

Überhaupt haben die Pfarrer und Kirchengemeinden in der Pandemie so manche kreative Lösung gefunden: Die Gottesdienste live zu streamen, war da noch die naheliegendste. Priester warteten in oder vor den Kirchen auf ihre Schäfchen für Gespräche mit Abstand, aber Tiefgang. Einige zogen mit der Kommunion von Gartentor zu Gartentor, andere fuhren an Fronleichnam mit der Monstranz durch die Straßen. Es wurden Corona-Beichtstühle gebaut oder kontaktlose Weihwasserspender erfunden.

Für die Erstkommunion setzten wir in unserer Pfarrei den Herbst fest. Sonntag, 11. Oktober, war das neue Ziel. Aber war der Termin nicht vielleicht schon zu spät? Würde die prognostizierte zweite Welle im Herbst dann schon so weit aufgeschaukelt sein, dass vielleicht wieder keine Feier möglich ist? Wochen des Hoffens und Bangens. Um eins brauchten wir uns auf jeden Fall keine Sorgen machen, dass unsere Kinder nicht ausreichend vorbereitet waren – nach einem Jahr.

Als der Termin näher rückte, stand der Elternabend an, um die letzten Details zu klären. Wer ist beim Gottesdienst um 9 Uhr dabei, wer um 10.30 Uhr? Wer sitzt wo in der Kirche? Wer kann wann Kerzen basteln? Fragen und Probleme, die in anderen Jahren genügend

Sprengstoff für mehrstündige Diskussionen und lebenslange Feindschaften liefern. Ganz anders bei uns. Die Erleichterung und Freude war so groß, dass in eineinhalb Stunden alles ausgemacht war. Sogar die einheitlichen Mund-Nase-Masken mit Schäfchen – passend zum Motto „Der Herr ist mein Hirte", die jeder selbst nähen sollte. Der 11. Oktober konnte kommen.

Und was soll ich sagen: Es war ein schönes Fest für unsere Tochter. Für die ganze Familie. In die Kirche durften wir Eltern, die kleine Schwester, die zwei Omas und der Opa mit. Die Taufpatin mit ihrer Familie war extra früh aufgestanden und winkte schon beim Kirchenzug vom Straßenrand zu. Dann feierten sie den Gottesdienst in unserem Wohnzimmer im Livestream mit. Zum Mittagessen und Kaffeetrinken durfte die ganze Verwandtschaft zusammenkommen. Die von allen Kindern geliebte Referendarin aus dem vergangenen Schuljahr reiste als Überraschungsgast an. Sogar das Wetter spielte mit.

Aber es kam noch besser: Am Montag nach der Kommunion starteten frühmorgens rund 50 Kinder und Eltern zum Kommunionausflug nach Altötting. Dort zogen die Kinder betend und singend unter Glockengeläut am Kapellplatz ein. Ein Bild, das 2020 so ungewöhnlich war in dem Marienwallfahrtsort, dass die Geschäftsleute rund um den Kapellplatz nachschauten, was da los ist. Der Ausflug war ein eindrucksvoller Tag mit Gottesdienst in der Basilika, Besuch in der Gnadenkapelle und im Jerusalem Panorama und Führung durch die wichtigsten Kirchen. Und er war ein exklusives Erlebnis, denn Altötting war schon fast gespenstisch leer.

Dass die Kommunionfeier und der -ausflug Anfang Oktober 2020 in dieser Form möglich waren, das kommt einem ein paar Monate später schon fast surreal vor. Den Beweis, dass wir auch großes Glück hatten, erhielten wir am 25. Oktober per WhatsApp von Freunden schriftlich. Sie schickten uns ein Foto von ihrem Sohn mit einer Torte. Aufschrift: Meine erste Heilige Quarantäne. Wenige Tage vor dem Erstkommunion-Termin war ein Mitschüler positiv getestet worden, die ganze Klasse wurde in Quarantäne geschickt.

Ich will noch einmal kurz auf die Osternacht vor dem Fernseher zurückkommen. Während wir mit unserem Kommunionkind die fast zweistündige Auferstehungsfeier fleißig beteten und sangen, verabschiedete sich unsere kleine Tochter nach 15 Minuten wieder ins Reich der Träume. Pünktlich zum Schlusssegen öffnete sie die Augen, schaute uns souverän an und sagte: „Die Kirche ist ja schon aus. Die war aber nur kurz. Dann können wir jetzt die Osternester suchen."

*Nach dem ersten harten Lockdown bereitet sich das Land im Frühsommer nach und nach auf Wiedereröffnungen vor. Vor allem in Bayern wartet man sehnlichst, dass Biergärten aufsperren dürfen. Doch wer dorthin will, muss nun ein Rechengenie sein. Wirtschaftsminister Hubert Aiwanger (Freie Wähler) geht mit seinem Erklärversuch der neuen Regeln viral. „Wenn sechs bis acht Leute", inspiriert sogar zu einem Wiesnhit. Pardon, zu einem Anwärter für einen Wiesnhit. Denn die Wiesn, das Münchner Oktoberfest, muss ja pandemiebedingt entfallen.*

# DIE RECHNUNG, BITTE!

*von Martina Hutzler*

Schule bereitet im Idealfall fürs Leben vor; speziell das Fach Mathe war in der Hinsicht aber eher unverdächtig. Bis die Pandemie kam. Ihr exponentielles Wachstum hat in unsere hintersten Gehirnwindungen hineingestiert. Aus diesem vermeintlichen Endlager haben wir dann Erstaunliches hervorgekramt; Hubert und Markus sei Dank.

Vom Hubsi Aiwanger haben wir gelernt, dass Essen und Trinken nicht nur Leib und Seele zusammenhält, sondern auch Betriebs- und Gastwirtschaft. Demnach braucht ein Gastwirt, dem der Lockdown das Geschäft verhagelt hat, nur den Aiwanger-Faktor anzuwenden: Als Ergebnis serviert ihm seine Versicherung ein „halbes Hendl bratfertig am Tisch". Ohne Aiwanger-Faktor stünde dem Wirt zwar theoretisch ein ganzes Hendl als Versicherungsleistung zu, welches aber praktisch noch quicklebendig im Garten rumsaust. Ehe der hungernde Gastronom ein Hühnchen zu rupfen hätte, bräuchte er einen jagdlich erprobten Rechtsanwalt (solche soll's bei den Freien Wählern geben), ließ der Meister der geflügelten Mathematik den Gastwirt wissen. Und selbst dann „garantier ich dir nicht, dass du das ganze

Hendl jemals sehen wirst!" Au weia, Wahrscheinlichkeitsrechnung – auch das noch! Die wollten wir doch erst in der nächsten Pandemie drannehmen…

Das Hendl-Paradoxon indes soll bereits Eingang in den Mathe-Unterricht der Mittelstufe gefunden haben: Aiwanger + ½ Huhn (tot) > Rechtsanwalt + 1 Huhn (lebend) => Textaufgabe: Finde den Denkfehler! (Tipp: Es ist nicht das Huhn.)

Später im Sommer hat uns der Wirtschafts(!)-Minister dann an die höhere Biergarten-Arithmetik samt dreidimensionaler Raumgeometrie herangeführt. Eine Vorlesung von solch mathematischer Brillanz, dass sie hier für die Nachwelt festgehalten werden soll: „Wenn sechs bis acht Leute, jeder mit seinem Kumpel kommt, dann kann der sich natürlich jeweils mit seinem Kumpel, der seine Bezugsperson ist, an einen Tisch setzen und mit Eins-Fuchzich-Abstand sitzt der nächste Kumpel mit seinem Kumpel. Aber da können nicht sechs mal zwei an einem Tisch sitzen, weil ja nicht mal die ersten Sechse an einem Tisch sitzen dürften. Und zu den anderen ist jeweils Eins-Fuchzich-Abstand zu halten." Das, so Aiwanger, ginge also nur, „wenn der Tisch irgendwo 15 Meter lang ist und dann im Abstand von Eins-Fünfzig immer die Pärchen gegenübersitzen." Na gut, streng genommen ist acht mal eins-fuchzich trotzdem nur zwölf. Aber der dritte Stammtisch-Lehrsatz besagt, dass man in der Politik auch mal Fünfe grade sein lassen muss; spätestens nach der fünften Maß.

Im Dezember später feierte das Brathendl seine mathematische Reinkarnation; parallel zu den Infektionszahlen hat es sich allerdings gehörig ausgewachsen: zur Weihnachtsgans. Die Berechnung, wie viele daran erlaubten Anteil nehmen dürfen, war denn auch Chefsache. Mei, früher, da war's einfach. Da haben wir in der Vorweihnachtszeit höchstens gegrübelt, ob wir Großtante Emmi letztes Jahr das Körbchen mit „Dreierlei Marmeladen-Einerlei" kredenzt hatten und sie also heuer mit dem Fotokalender „Meine Kakteen im Wandel der Jahreszeiten" dran ist. Oder war das die Präsente-Reihenfolge für Schwippschwägerin Resi, weshalb in Emmis Päckchen folglich heuer… ach, lassen wir das. Emmi und Resi teilten im Corona-Jahr 2020 sowieso ein Schicksal: Zu wenig gemeinsames Blut in ihrer und unserer Adern, als dass sie am Gabentisch Platz und in der Geschenkeliste Berücksichtigung fänden.

So würde das eine bayerische Staatskanzlei natürlich nie formulieren; es hört sich ja schon befremdlich an, wenn die Staatsgewalt über „Verwandtschaft in gerader Linie" doziert. Ersatzweise legte uns Zeremonienmeister Söder den kuscheligen „engsten Familienkreis" ans Herz, um darin den Gänsebraten viral-legal zu tranchieren. Ausgangsgleichung für die Feiertage: Erlaubt = der eigene Hausstand, plus 0 bis 4 weitere Erwachsene, plus deren Nachwuchs in unbegrenzter Menge, sofern jünger als 14. Erforderliche Kenntnisse: Rechnen mit mehreren Unbekannten. Entsprechend lebhafte Diskussionen gab es in vielen Familien. Hier eine kleine Auswahl: „Onkel P. führt sich ja doch wieder auf wie ein kleines Kind – den brauchen wir nicht mitzurechnen." „Den Mann von deiner Schwester können wir nicht auch noch einladen: Der isst für zwei!" „Der A. und der O., das sind eh nur halbe Portionen: Die zählen wir als Einen." „Deine Urgroßtante mit dem schönen großen Haus in München-Grünwald – laden wir doch die noch ein…" „Können wir irgendwo einen positiven Corona-Test auftreiben, damit wir gar niemanden einladen müssen???"

Bei uns zu Hause haben wir die Rechenbeispiele aus der Staatskanzlei ausgiebig studiert, dann das dritte orthopädische Rundungsgesetz („pi mal Daumen") angewandt und, mit insgesamt sechs leidlich verwandten Erwachsenen am Tisch, gefeiert wie in den Vorjahren. Es haben alle überlebt, bis auf die Gans.

Rechnungen ganz anderer Art wurden, so hörte man, in den Pfarrhäusern angestellt. Man erinnere sich: Schon vor gut 2000 Jahren war's justament ein Regierungserlass, der die Entbindungsplanung von Maria und Josef durcheinander und Bethlehem bleibenden Ruhm eingebracht hat. Aber während Kaiser Augustus von Rom einst, zum Zwecke der Steuer-Eintreibung, seine Untertanen auf

Wanderschaft schickte, forderte jetzt König Markus von München, zum Zwecke der Viren-Austreibung, von den Seinen das Gegenteil: zu Hause bleiben, wenigstens nachts – da sind Viren bekanntlich besonders gefährlich.

2020 Jahre nach Christi Geburt war dieselbige also mitnichten ein „triftiger Grund", sich nach 21 Uhr auf bairischen Straßen blicken zu lassen. Daher hatte das Jesuskind, samt aller Zeremonien drumherum, so rechtzeitig auf die Welt zu kommen, dass jeder Christenmensch ebenso rechtzeitig wieder zurück war von den Geburtstags-Feierlichkeiten. Welche, ebenfalls auf Geheiß der Bayerischen Infektionsschutzmaßnahmenverordnung, nur in gebührendem Abstand und daher mit geringer Teilnehmerzahl stattfinden durften.

Und so hub in den Pfarrbüros ein großes Zählen und Kalkulieren an für die Christmetten-Planung. Ausgangsgleichung: Zahl aller verfügbaren aktiven und reaktivierbaren Pfarrer in Relation zur Zahl nutzbarer Gotteshäuser und Freisitz-Alternativen. Große Unbekannte: Wie viele der Normalweihnachts-Besucher kommen überhaupt zu einer Corona-Mette, die a) ohne inbrünstig gesungene „Stille Nacht" auskommen muss und b) das Präsentieren neuester Wintermodetrends nur unter eingeschränkter Erkennbarkeit (Maskenpflicht!) erlaubt?

Erfahrene Pfarrsekretärinnen haben, Gerüchten zufolge, ausgefeilte Algorithmen ersonnen. Ein wichtiger Parameter war das Bet- und Lesetempo am Altar (z.B. Ruhestandsgeistlicher Ü80 = Faktor 3; + 10 Minuten Nachtzuschlag bei Messbeginn nach 19 Uhr; der flotte Großstadt-Kaplan = Faktor 0,3). Auch die Improvisationsfreude der eingeteilten Organisten (pro Pflichtstück + 10 Minuten) floss in die Gottesdienst-Planung ein. Die, ob nun wissenschaftsbasiert oder doch gut-gläubig, hat letztlich funktioniert: Von Massenverhaftungen in der unheimlich Stillen Nacht 2020 war tags darauf in den Polizeiberichten nichts zu lesen.

Bevor nun der Eindruck haften bleibt, nur wir Deutschen seien unverbesserliche Erbsenzähler: Hier noch der transatlantische Gegenbeweis. Im Land der unbegrenzten Möglichkeiten hat die Firma „how-much-toilet-paper" eine pandemische Mangel-Erscheinung zur werbewirksamen Geschäftsidee ausgebaut. Sie bietet auf ihrer Homepage einen Klopapier-Rechner an. In der Muße des stillen (aber bitte internet-fähigen!) Örtchens kann man sich mit der „Advanced"-Version spielen und allerlei Parameter eingeben, etwa den durchschnittlichen Blattverbrauch je Sitzung oder die Blattzahl pro Rolle. Wenn's pressiert, reicht die Basisversion: Packungs-Bestand und WC-Tagesbesuchszahl eintippen; schon erfährt man, in wie vielen Tagen man von der Rolle ist.

Und wo wir jetzt schon bei der Statistik angelangt sind, hier noch eine Pressemitteilung vom Statistischen Landesamt. Es hat das Corona-Jahr 2020 zu einer schlicht-schönen Schlagzeile aufaddiert: „Weniger Schafe in Bayern". Ach, nie war Schäfchenzählen tröstlicher.

*Die Abstandsregeln, der Mundschutz – davon lassen sich die Biergartenlieb-haber nicht die Freude an der frischen Maß unter Linden- und Kastanien-bäumen verderben. Der NDR informiert Anfang Mai 2020 über die Nachverfolgungsstrategie bei Corona-Kontakten. „In den Biergarten nur mit Name und Telefonnummer" – das animierte manchen Spaßvogel, sich als Mickey Mouse oder Batman auszugeben.*

# EINCHECKEN IM BIERGARTEN

*von Heinz Klein*

Ein lauschiger Biergarten, von Linden und Kastanien sanft be-schattet, gehört zu den wenigen Vorstufen des Paradieses, die es auf Erden gibt. Vor allem dann, wenn er von einem freundlichen Wirt und einer famosen Köchin mit Herzblut geführt wird. Nun hat man so ein Schatzkästchen in seiner Nähe, verweilt gerne dort – und darf auf einmal nicht mehr rein! „Wegen Corona geschlossen" steht auf einem Zettel. Es ist fast so, als wäre auch die Tür zum Paradies vernagelt. „Paradies wegen Pandemie geschlossen" stünde auf einem Zettel und hinter dem geschlossenen Eisentor würde Petrus stehen und bedauernd mit dem Flammenschwert fuchteln, stelle ich mir vor. „Bitte gehen Sie vorübergehend in die Hölle. Dort besteht aufgrund der Hitze keine Infektionsgefahr" könnte ich noch auf dem Zettel le-sen.

Für viele von uns waren die Lockdowns so was wie die Hölle auf Erden. Aber dann kam der Tag, an dem die Biergärten wieder öffne-ten und man rein durfte, in die Paradies-Vorstufe. Vorausgesetzt, man konnte einen Platz ergatterten, denn jeder zweite Tisch war schon reserviert – für niemanden, so lautet die Hygieneregel. Am Eingang waren zwei Biertische aufgestellt, die trichterförmig den Weg ver-schmälerten. Dahinter eine Bedienung mit langer Liste. „Sie haben sich telefonisch vorangemeldet und reserviert?", brabbelte sie durch ihre weißblaue Bayern-Maske. „Ja, ja", brabbelte man zurück. Einer in der Schlange der Anwärter zückte gleich brav seinen Personalausweis. Einchecken im Biergarten, fast wie am Flughafen. Die Biergarten-Stewardess brachte den Gast dann an seinen gebuchten Platz. Tisch 14. Hilfe, da saß schon jemand. Aber es klärte sich auf, nur ein Missverständnis. Die Herrschaften sollen auf Tisch 16. Na bitte!

Dann endlich Maske runter. Der erste Schluck Helles vom Fass – herrlich. Ein Blick in die Speisekarte. „Schade, es gibt keinen Obatzdn", bedauerte ich. „Darf nicht sein, wegen der Aerosole", witzelte mein Gegenüber: „Bei dem Wort Obatzdn haut's doch die Tröpferl nur so raus. Nimm was Ruhigeres, was ohne Zischlaut, zum Beispiel den großen Salat oder vielleicht das Wammerl vom Grill", empfahl der Spezl.

Jetzt ging's los. Wir filzten grinsend die Speisekarte auf Aerosolauslöser, bestellten Acht auf Kraut, weil die Acht weniger spotzt als die Sechs und hatten bei der dritten Halbe die höchste Gaudi beim Umschreiben von Speisekarten. Saure Zipfl zum Beispiel sind eine richtige Aerosolschleuder und damit ein „no-say". Cevapcici beim Kroaten geht gar nicht und auch ein Aperol Sprizz beim Italiener wird gestrichen. Dafür gibt es einen weichen „Grabba" für den Herrn und einen Hugo für die Dame.

An diesem Nachmittag im Biergarten gab's mal wieder was zu lachen, wenn einem ansonsten auch zum Weinen war. So vieles durfte nicht mehr sein, nicht mal der Stammtisch, wo man seinen Frust bei verständnisvollen Stammtischbrüdern hätte abladen können. Dann begannen die ersten Frustrierten mit der Querdenkerei und gingen gegen die „Gesundheitsdiktatur" auf die Straße, weil man da endlich mal wieder ein paar Leute treffen konnte. Ich verstand das nicht. Es gibt das Corona-Virus halt doch und sogar Phantasten und Querdenker können sich damit anstecken und richtig schlimm krank werden.

Wie wird das wohl mal nach Corona sein? Leben wir dann weiter in einer Art Gesundheitsdiktatur? Wird dann der Gesundheitsminister statt der täglichen Inzidenzwerte die gesundheitlich verbindlichen Cholesterinwerte durchsagen? Tragen wir dann alle vorschriftsmäßig Gesundheitsarmbänder, die ständig unsere Vitalfunktionen checken und Regelüberschreitungen sofort digital beim Hausarzt petzen? Ein Blick in die Zukunft macht mich aber doch ein bisschen froh. Es wird wieder offene Wirtshäuser geben und sicher auch wieder Stammtische. Aber man wird Vorsorge treffen müssen. Mein geistiges Auge blickt in die Zukunft, wo der Stammtisch „De zwölf G'mütlichn" zu Dreizehnt in einem Hinterzimmer sitzt. Es herrscht eine Riesengaudi, die Vroni zieht beim Reintragen der schäumenden Maßn eine kleine Bierlache über den Holzfußboden und die ersten Schweinshaxn stehen schon am Tisch. Nur einer sitzt genervt und grantig bei hupfertem Wasser und einem großen Salatteller. Es ist der, den es diesmal getroffen hat – das Opfer. Und jetzt sieht man's. Beide Unterarme sind gespickt voll von Gesundheitsarmbändern, dreizehn an der Zahl. Und alle melden an die Hausärzte und das Gesundheitsamt: Sämtliche Werte im grünen Bereich!

*„Der neue Hype heißt Handarbeit", titelt die Münstersche Zeitung im März 2021. Auch wenn sich das primär auf Zerstreuung in der Pandemie bezieht, für das Homeschooling im zweiten Lockdown gilt ebenso: Nebenfächer wie WG (Werken und Gestalten – früher Handarbeiten), Kunst, Musik oder Sport stehen verstärkt im Fokus. Die Lehrer präsentieren jede Woche kreative Ideen, die oft die ganze Familie beschäftigen und immer mehr Raum einnehmen.*

# WORTSCHLANGE TRIFFT AUF HEXENSTICH

*von Petra Beer-Dausch*

Gemüse-Lasagne soll es zum Abendessen geben, also warten Karotten, Paprika und Lauch in der Küche darauf, von mir klein geschnippelt zu werden. Ebenfalls in der Küche hat meine große Tochter ihren HSU-Versuch „Im Bodenlabor" aufgebaut. In ein Einmachglas hat sie einen Tontopf gestellt, in den sie Materialien wie Humus, Sand, Kies und Ton füllen und dann immer die gleiche Menge Wasser hineingießen soll. Mit der Stoppuhr soll sie ermitteln, wie lange es dauert, bis das Wasser durch die jeweilige Bodenschicht geflossen ist. Während ich die Karotten schäle, zwischen Lasagne-Rezept und Versuchs-Anleitung hin und her springe und erkläre, wie die Tabelle auszufüllen ist, schaut mich das Kind plötzlich hilfesuchend an: Wohin bloß mit dem nassen Sand, der nicht im Tontopf geblieben ist, sondern gerade munter auf die Arbeitsplatte quillt? Hoffentlich verwechsle ich später keines der diversen Schüsselchen, sonst könnte die Lasagne heute einen etwas erdigen Abgang haben.

Warum wir ausgerechnet die Küche als HSU-Labor erkoren haben? Eine berechtigte Frage. Aber dazu muss man wissen, dass auf dem Esszimmertisch noch die Wortschlange mit 13 gegensätzlichen Adjektiv-Paaren ausgebreitet ist – und wir dort ja eigentlich bald essen wollen. Die Fensterbretter sind mit verschiedenen Wasserschalen zu

61

Verdunstungs-Versuchen aus der Vorwoche belegt. Und auf dem Wohnzimmer-Tisch trocknet gerade ein Winterbild, die Wochenaufgabe im Kunstunterricht. Seit unsere 90-Quadratmeter-Wohnung auch noch Versuchs-Labor, Handarbeits- und Werkraum, Musiksaal und Sporthalle ist, ist es verdammt eng geworden. Denn im Gegensatz zur ersten Homeschooling-Phase 2020, bei denen sich die Aufgaben vor allem auf die Kernfächer konzentrierten, gibt es bei der zweiten Auflage ab Dezember 2020 auch vielfältigste Aufgaben aus den Nebenfächern wie Werken und Gestalten, Kunst, Musik und Sport. Und die verlangen Groß und Klein einiges ab.

Um die schwindende Motivation hoch zu halten, gehen wir Eltern oft mit gutem Beispiel voran. „Komm, das macht doch Spaß. Das probieren wir jetzt alle mal", höre ich mich den Kindern immer wieder gebetsmühlenartig vorsagen. Also tun wir auf Geheiß von Felix Neureuther so, als würden wir auf einem Stuhl sitzend durchs Wohnzimmer schwimmen. Auf einem pinken Plastikbecher trommeln und klopfen wir den Takt zu „Savage Love" von Jason Derulo – Becher-Percussion nennt sich das. Einige Tage später versuchen wir uns per YouTube-Anleitung an rhythmischem Klatschen, Patschen und Stampfen zu Beethovens „Deutscher Tanz" – Body-Percussion heißt diese Disziplin. Viel Liebe haben wir auch in zwei selbst erfundene Strophen zu „Meine Oma fährt im Hühnerstall Motorrad" gesteckt: Meine Oma hat ein Schlauchboot mit Propeller… Meine Oma hat ne Hose mit Belüftung…

Für Deutsch bastelt meine große Tochter ein Lap-Book (auch Faltoder Klappbuch genannt) zum Thema Personenbeschreibung, in Religion gestaltet sie ein DIN-A3-Werbeplakat für die Einhaltung der Zehn Gebote. Die Kleine hat zu ihrer Wortschlange auch einen Wortarten-Fächer, ein DIN-A3-Plakat mit ihrer ersten Buchvorstellung „Lesenacht im Klassenzimmer" und ein Plakat zum Thema „Fasching in aller Welt". Zu Recht sind sie auf ihre Arbeiten stolz. Aber schön langsam gehen uns die freien Wände und Plätze aus, um das alles entsprechend zu präsentieren.

Immer öfter habe ich außerdem den Eindruck, dass wir Eltern gerade an Nebenfächer-Aufgaben mehr Spaß haben als die Kinder. Mein Mann zum Beispiel hatte als Einziger die Nummer mit dem pinken Plastikbecher zu „Savage Love" nach kurzem Üben voll drauf. Und mir haben sich gerade in WuG (Werken und Gestalten) völlig neue Welten erschlossen. Denn in meiner Schulzeit war das eher eine Hassliebe. Dass meine Eltern mein windschief ausgesägtes Schlüsselbrett in Kotz-Beige auch nach Jahrzehnten noch im Flur hängen hatten, werde ich ihnen immer danken.

Ich kenne jetzt wieder den Unterschied zwischen Kreuz- und Hexenstich beim Sticken. Ich kann Bilder mit der Frottage- oder Durchreibe-Technik gestalten. Kleiner Tipp: Wirklich schöne Muster ergeben Lego-Platten und Kämme. Und ich kann viele, wirklich viele kleine Kreise in ein großes K zeichnen. Ich hoffe, dass dieses – quasi öffentliche – Geständnis hier meiner Tochter keine Nachteile bringen wird. Die Lehrerin hat es ja vermutlich nur gut gemeint und eine Aufgabe mit der Zentangle-Methode vorgegeben. Mit vielen Linien oder Kreisen sollen die Kinder die Buchstaben ihres Namens oder nur einen großen Buchstaben ausfüllen und gestalten. Im Vordergrund steht beim Zentangle der kreative Schaffensprozess, bei dem sich Wohlbefinden, Entspannung und Zufriedenheit einstellen. Soweit die Theorie.

In der Praxis malt sich meine Tochter in Rage. Nach vier Stunden Mathe, Deutsch und HSU stellt sich beim Zentangle statt Entspannung Verspannung, statt Zufriedenheit Verzweiflung ein. Also meditiere ich die geschätzt 500 fehlenden Kreise ins K. Für ein paar Tage fühle ich mich schlecht deswegen. Bis ich beim Einkaufen die Mutter einer Mitschülerin treffe. Wissen Sie was? Die kann jetzt viele, wirklich viele Linien in ein M zeichnen.

*„Lüften, lüften, lüften!", titelt die Berliner Zeitung im August 2020. Das möglichst virenfeindliche Aufreißen der Fenster in Schulen und Büros ist während der Pandemie zum Volkssport geworden und wird hierzulande mit geradezu wissenschaftlichem Eifer betrieben. Im Ausland sorgt das mitunter für amüsiertes Staunen.*

# JETZT WIRD DURCHGELÜFTET!

*von Dagmar Unrecht*

Draußen fallen dicke Schneeflocken vom Himmel. Frost färbt die Bäume weiß. Ein malerischer Ausblick, der mir noch besser gefallen würde, wenn das Fenster vor mir zu wäre. Aber es ist wieder Zeit. Jede Stunde werden die üppigen Glasfronten in unserem verantwortungsvoll geführten Großraumbüro weit aufgerissen. Anweisung von oben, Widerstand ist zwecklos.

Dank Corona ist der hemmungslose Frischluft-Kick zum Volkssport geworden. Expertise von höchster Stelle liefert die Innenraumlufthygiene-Kommission im Umweltbundesamt. Früher sträflich unterschätzt, schlägt in der Pandemie ihre große Stunde. Für Schulen tüftelt die Behörde einen eigenen Leitfaden aus – sozusagen eine Anweisung dafür, wie man in Bildungsinstitutionen konsequent auf Durchzug schaltet. Der Miefmix aus Käsefüßen, Schweiß und Leberwurstbrot ist seither Geschichte.

Kern der Experten-Empfehlung: In Klassenräumen soll alle 20 Minuten gelüftet werden und in jeder Pause gilt erneut: Fenster auf! Kippen scheidet ganz aus. Naturgewalten oder Minusgrade? Kein Problem. Unterricht mit Gänsehaut-Feeling, das schafft nur die Pandemie. Wohl dem, der auch mit klammen Fingern mitschreiben kann. Für alle anderen hat die Kanzlerin höchstpersönlich ein paar Tipps parat: Man könne zum Warmwerden „mal 'ne kleine Kniebeuge" machen oder „in die Hände" klatschen, sagt sie – Pragmatikerin durch und durch. Das Lüften sei möglicherweise die billigste und effektivste Maßnahme, um dem Virus zu trotzen, so die Kanzlerin.

Also, auf mit den Fenstern. Hinter mir höre ich leises Zähneklappern. Gegenüber klammert sich eine Kollegin an ihre dampfende Ingwertee-Tasse. Meine neue Sitzauflage aus Schaffell bringt leider weniger als erhofft. Schnell ziehe ich die Daunenjacke über. Nur der Sportreporter fühlt sich auch im T-Shirt noch pudelwohl. „Ist euch etwa kalt?", ruft er gut gelaunt herüber. Irgendwie logisch, dass er gern über Eishockey schreibt.

Seit Corona ist Durchlüften in Deutschland Chefsache. Das bleibt auch im Ausland nicht unbemerkt. Die englische Zeitung „The Guardian" beispielsweise widmet unserer neuen „nationalen Leidenschaft" einen ausführlichen Bericht. Mit distanziertem Erstaunen wird darin „impact ventilation" (Stoßlüften) beschrieben und von „cross ventilation" (Querlüften) unterschieden. Auch das Geheimnis unserer „sophisticated hinge technology" wird gelüftet – also Luftaustausch mittels ausgeklügelter Kipptechnik. Darüber hinaus huldigen US-Amerikaner in Erklärvideos unseren „crazy windows". „No big deal" sei das Lüften mit solchen Prachtexemplaren von Fenstern, heißt es darin. Dahinter stecke eine verrückte Wissenschaft. Eine in München lebende Amerikanerin verrät im mehrminütigen Beitrag elektrisiert, „the concept of fenster kippen was completely unknown to me". Was so viel heißt wie: Von gekippten Fenstern habe sie zuvor noch nie gehört. Oh my god!

Der „Guardian" erwähnt außerdem eine „typical grumpy German" Bemerkung – deutscher Grant in Bestform also: „Erfroren sind schon viele, erstunken ist noch keiner." In Pandemiezeiten hat diese Alltagsweisheit allerdings erheblich an Durchschlagskraft eingebüßt. Dank Corona wird nicht erst dann ordentlich durchgelüftet, wenn es im Zimmer mal wieder wie im Pandakäfig müffelt. Besonders Eltern von Teenager-Söhnen freuen sich über diese Argumentationshilfe im Kampf gegen den Pesthauch der Pubertät.

Reibungsloses Lüften war in unserem Büro aber lange kein Selbstläufer. Gerade bei kalten Temperaturen kam es mitunter zu hitzigen Debatten über das Raumklima. Kaum war ein Fenster auf, wurde es dem Einen zu frisch, einer anderen Kollegin zog es, während ein Dritter demonstrativ die Hemdsärmel hochkrempelte. Zwischen Schweißausbruch und Zähneklappern liegen zwar Welten, manchmal aber auch nur ein paar Grad Celsius. Wer im Ringen um die richtige Betriebstemperatur zu vermitteln versucht, bekommt schnell kalte Füße. Corona nimmt solchen Reibereien lässig den Wind aus den Segeln. Die Fenster bleiben auf. Punkt. Morgen ziehe ich Angora-Unterwäsche an. Echt crazy, dieses Lüften.

*Einkaufen ist so viel mehr als Grundversorgung. Einkaufen wird in der Pandemie zum Freizeitevent, zum Familienausflug, zur Kontakt- und Kennenlernbörse. Wenn man sich sonst nirgendwo mehr treffen kann, dann eben bei Aldi, Edeka und Co. Auch die Leipziger Volkszeitung widmet im April 2020 diesem Phänomen einen Artikel. „Der Supermarkt: Ort für Toilettenpapier, Nudeln und soziale Kontakte." Auf manche Begegnungen, so findet zumindest unser Autor, hätte er aber gut verzichten können.*

# ASTI, SCHOKOLADE UND HANDGREIFLICHKEITEN

*von Benjamin Neumaier*

Der Wocheneinkauf am Samstag ist eigentlich meine Lieblings-disziplin. Ich schnappe mir die Kinder, wenigstens den Kleinen, und ab geht die Bummeltour durch die Regalreihen. Tiefenent-spannung. Wofür andere eine Yogamatte brauchen, reicht mir der Einkaufswagen. Doch das Coronavirus hat mir das genommen. Warum? Weil sich Einkaufen während des Lockdowns anfühlt, als wäre jeden Tag Silvester hoch zehn. Ich übertreibe? Nicht im Geringsten. Ich kann es beweisen:

Am Jahresende scheinen Feuerwerk und Böller ja dem ein oder anderen einen Augen- und Ohrenorgasmus zu bescheren: Gekauft werden die Dinger besonders gerne noch am letzten Tag des Jahres. Da steht der Vater mit dem Sohne beim Discounter seines Vertrauens und streitet sich am Pyro-Wühltisch, ob denn nun die 150-Schuss-Batterie „Pyro Kingdom" oder doch das Raketenpaket „Thunder-world" mehr Action mache. Gekauft wird beides: jeweils doppelt oder dreifach – plus eine stattliche Anzahl Böller, Heuler und Pfeifer. Wenn der Nachbar mehr ergattert hat, ist man schließlich der Loser. Das hängt einem ja das ganze Jahr nach. Währenddessen schlägt sich

Muttern mit anderen Silvesterwütigen zwei Reihen weiter um die Zutaten für Raclette und Fondue. Und während sie gerade mit einem anderen Feierbiest um die letzte Packung Shrimps streitet – „Ich hab' sie schon von da vorne aus liegen sehen!" –, entbrennt im Gang daneben schon der Einkaufswagenwettlauf um die drei letzten Flaschen Asti. Handgreiflichkeiten nicht ausgeschlossen.

Man ersetze nun Böller durch Nudeln, Shrimps durch Mehl oder Hefe sowie Asti durch Klopapier und potenziere das Ganze. Ah, jetzt klingelt's. Doch ich greife vor, beginnen wir am Anfang.

Schon am Parkplatz beginnt mein Dilemma. Der mittlerweile routinierte Griff zum Rückspiegel geht fehl. Die Maske ist weg. Verdammt. Gott sei Dank hat Schwägerin fleißig genäht. Irgendwo im Auto muss eine liegen – doch weder im Handschuhfach, auf der Rücksitzbank noch im Kofferraum werde ich fündig. Als ich schon aufgeben will, entdecke ich sie – meine Maske – zwischen Bremse und Gaspedal. Nun ist sie nicht mehr nur bunt, sondern auch mit ein paar dort liegenden Bröseln (ja, ich sauge das Auto quasi nie…) und dem Profil meiner Turnschuhe verziert. Egal – ich zieh das jetzt durch. Schließlich ist es mittlerweile schon der vierte Supermarkt, den ich ansteuere. Warum tue ich mir das gleich noch mal an? Stimmt. Wir brauchen Klopapier… und das war überall aus.

Nachdem ich mir einen Einkaufswagen geschnappt habe, steuere ich die Desinfektionsstation an. Umsonst, wie immer leer. Als die ältere Dame hinter mir ebenfalls darauf zuhält, will ich ihr das eigentlich nur mitteilen, verschlucke mich aber an einem Brösel, der statt wie bisher im Fußraum, in meiner Maske hängt. Die Frau erstarrt zur Salzsäule. Ich flüchte durch die Eingangstür.

Ich suche schnell den Weg Richtung Hygiene-Artikel, rolle meinen Wagen durch die Obst- und Gemüseabteilung. Ein Kunde wiegt Äpfel, Avocados und Bananen prüfend in der Hand – und legt den Großteil wieder zurück. Seine Maske trägt er unter der Nase. Eine Mitarbeiterin des Supermarktes weist ihn zurecht und sammelt die corpora delicti ein. Die müssen jetzt wohl in Quarantäne.

Ich hetze weiter. Ich komme am Nudelregal vorbei. Was soll ich sagen, dort war weniger los als in einer deutschen Behörde am Freitagnachmittag. Neben Vollkorn-Farfalle entdecke ich noch ein paar Packungen Penne – ich greife zu. Vorsichtshalber.

Dann macht mein Herz einen Satz. Klopapier. Tatsächlich. Gleich da vorne. Noch zwei Packungen. Ich beschleunige meinen Schritt, die Endorphine schießen ein – doch der Downer kommt schnell. Von rechts schiebt sich ein anderer Einkaufswagen in mein Blickfeld. Meine Bekanntschaft vom Eingang ist nun wohl keine Salzsäule mehr. Sie hat mich überholt – warum habe ich bei den Nudeln Zeit verschwendet –, steuert direkt auf das Klopapier zu und sackt beide ein. Als ich sie ansprechen will, winkt sie nur ab. „Bleiben Sie weg von mir," schreit sie mir durch ihre Maske meterweit entgegen. Ich kann es ihr nicht verübeln.

Sauer bin ich dennoch. Und gefrustet. Aus Trotz kaufe ich das ganze Schokoladenregal leer. Die Leute starren mich irritiert an.

An der Kasse angekommen, empfängt mich ein muskulöser Mann in schwarzer Kleidung und mit dem Wort SECURITY auf der Brust. Sein kritischer Blick durchbohrt mich. Doch dann schüttelt er nur leicht merklich den Kopf. Es war wohl die Schokolade.

Ich bezahle und gehe.

Bekommen habe ich mein Klopapier aber dennoch. Im fünften Supermarkt, dem kleinen in der Altstadt. Sechs Rollen Premium-Soft, 5-lagig, mit Essenzen aus Mandelmilch oder Kamille. Arschteuer.

Und von Entspannung keine Spur!

*Dass 2020 ein schwieriges Jahr für Familienfeiern ist, zeigt nicht nur das Beispiel Kommunion. Im Mai 2020 wird den ersten Heiratswilligen bang: „Müssen Paare nun um ihre Hochzeit fürchten?", titelt merkur.de. Viele planen um, verlegen ihre Feiern, hoffen auf das Beste. Aber ein Jahr später, Anfang 2021, heißt es wieder: „Viele Hochzeitspaare verschieben Trauung erneut" (Stuttgarter Nachrichten). Glücklich sind die, die es 2020 doch irgendwie durchgezogen haben – mit Hilfe von guten Freunden.*

# WER TRAUT SICH?

*von Anna-Maria Ascherl*

Ich lehne mich über die Brüstung der Empore und erhasche einen Blick auf meine Freunde, die im Begriff sind, die Kirche zu betreten. „Da, sie kommen", flüstere ich unserem Organisten zu. Die ersten Töne, die den Einzug des Brautpaars begleiten, erklingen. Ich gehe zurück zu meinem Platz, streiche meine Noten glatt, atme tief durch. Gleich bin ich dran.

Worauf ich mich hier gerade vorbereite? Aufs Singen, vor 100 Leuten. In einer Kirche. (Fast) allein. Warum ich das mache? Na, wegen Corona. Sie haben keinen blassen Schimmer, wovon ich da rede? Gut, lassen Sie mich etwas weiter ausholen. 2020 waren mein Freund und ich auf vier Hochzeiten eingeladen. Tatsächlich stattgefunden haben 1,5. Corona machte den meisten Brautpaaren einen Strich durch die sauber kalkulierte Rechnung. Die einen erwischte es schon im Juni – chancenlos. Die anderen beschlossen, für September gar nicht mehr einzuladen – vorausschauend. Wieder andere ließen die große Hochzeit ausfallen und feierten dafür eine Gartenparty nach dem Standesamt – bezaubernd. Und dann gibt es da noch die, die alles auf eine Karte setzten, pokerten – und gewannen.

Wenn vier Wochen vor der Hochzeit noch nicht hundertprozentig klar ist, ob sie wie geplant stattfinden darf, das Brautpaar aber das Beste hofft und vorbereitet sein will, wird das für alle Beteiligten stressig: die letzte Brautkleid-Anprobe organisieren, den Sitzplan nochmal umschmeißen, weil immer wieder Gäste absagen, Mund-Nasen-Masken im Braut-und-Bräutigam-Set besorgen, Hygienekonzept mit dem Wirt absprechen.

Und die Kirchenmusik? Der Plan war so gut. Im Winter vor der Hochzeit hatte ich vorgeschlagen, dass wir mit unserem Kirchenchor singen könnten. Unser Repertoire ist breit, unsere Chorleitung engagiert, unsere Sänger motiviert – und ein, zwei Lieder könnte ich auf Wunsch auch allein singen. Doch das war im Dezember. Im Frühjahr sah das alles schon ganz anders aus.

Auszug aus den Regelungen des Diözesanreferats für Kirchenmusik des Bistums Regensburg: „Der Gemeindegesang ist in Gottesdiensten untersagt, ebenso Chorproben. Für die Gestaltung von Gottesdiensten sind Kantoren/innen oder Solisten/innen bzw. kleine Vokal- und Instrumentalgruppen (je nach Raumgröße, sodass zwei Meter Abstand rundum gehalten werden kann) erlaubt." Das mit dem Chor konnte das Brautpaar also knicken. Solisten engagieren, wenn unklar ist, ob die Hochzeit überhaupt stattfindet? Noch ein Vertrag, an den man sich bindet. Schlechte Idee. Da meldete sich wieder diese Stimme, die sich verdächtig nach meiner anhörte, und beruhigte das Brautpaar, dass wir das schon irgendwie hinkriegen würden. Und zur Not „singe ich halt allein". Spoiler: Diese „Not" ist irgendwie eingetroffen.

Mit einem Blankoscheck des Brautpaars in der Tasche („Uns ist völlig egal, was ihr singt. Wir lassen uns überraschen!") ging ich zu meiner wunderbaren Chorleiterin. Zusammen haben wir Lieder ausgesucht, die auch mit wenigen Sängern gut klingen. Schlussendlich haben wir uns dazu entschieden, nur zu zweit zu singen, begleitet von ihrem Mann an der Orgel. Je weniger, desto besser. Wir waren beim Proben flexibler, hätten bei verschärften Abstandsregeln noch genügend Platz auf der Empore.

Aber: Auch das Risiko ist höher. Wenn jemand aus einem Chor ausfällt, gleichen die anderen das wieder aus. Fällt einer von zwei aus: ganz großer Mist. Wenn meine Stimme kratzt, ich krank werde, nicht proben kann, nicht auftreten kann, gibt's keine Kirchenmusik. Panik! Die Lösung: vorsorglich Aspirin Plus C schlucken, schleimige Tabletten lutschen, die gut für Sänger sein sollen, und Schals tragen – im Hochsommer, wegen der Zugluft. Schön war es nicht, aber was soll ich sagen: Es hat funktioniert.

Nachdem wir drei Wochen, sooft es ging, zusammen geprobt, bis zum Abwinken meine Soli einstudiert hatten, war es endlich soweit. Samstag, 1. August, der Tag der Hochzeit. Sie wollen noch ein bisschen Mäuschen spielen? Bitte: Ich komme gerade vom Friseur nach Hause. Schnell packe ich meine Noten zusammen und fahre die paar Meter zur Kirche im Auto. Ich will bei der Hitze mein Make-up nicht ruinieren. Es ist halb 10, wir treffen uns zum Proben. Wir singen unsere Lieder durch, nicht zu oft, nicht zu lang, damit wir unsere Stimmen nicht überlasten. Denn das geht schnell. Jede Woche jeden Tag zu singen geht an die Substanz. Die Probe läuft gut, ich erwische die abartig hohen Töne bei „Amazing Grace" und die tiefen bei „My heart will go on". Ich fahre also wieder nach Hause, ein kleines bisschen gelassener als noch vor einer Stunde. Mir fällt ein, dass ich noch was essen sollte. Knurrender Magen kommt nicht so gut auf der Empore. Breze. Ja, eine Breze geht immer. Und gegen die Aufregung? Schnaps. Nichts Starkes, Amaretto. Ein Stamperl? Zwei gehen schon. Runter damit. Und für den Hals? Salbeitee. Mmh... lecker. Runter damit. Jetzt aber schnell ins Kleid! Bis die Unterwäsche sitzt, der Schmuck angelegt ist, dauert es viel zu lange. Wir müssen zur Kirche. Stopp! Noch mal aufs Klo. Jetzt aber. Aaah, nein! Maske einpacken. Ja, Corona, wir denken an dich, auch heute.

Das Ende vom Lied: Das Brautpaar war glücklich, der Bräutigam hat gestanden, „fast" ein paar Tränchen verdrückt zu haben. Und ich habe mich etwas getraut, wovon ich schon immer geträumt hatte: Alleine auf einer Bühne zu stehen und zu singen. Nur, dass es eine

Empore war. Echt gut fürs Selbstbewusstsein, kann ich nur empfehlen. Wer vor 100 Leuten „Dir gehört mein Herz" schmettern kann, ohne zu hyperventilieren, kann eigentlich alles schaffen. Oder?

CORONA-HITS:

- ATEMLOS
- ES FÄHRT EIN ZUG NACH NIRGENDWO
- ÜBER SIEBEN BRÜCKEN MUSST DU GEH'N
- KLEINES SENFKORN HOFFNUNG

*Deutschland dürstet nach Zerstreuung. Um es in der Fußballsprache zu sagen: Das Land wartet nach Wochen des angeordneten Füßestillhaltens auf den Wiederanpfiff. Doch die Debatten im Mai 2020 ziehen sich in die Länge. Wann und wie kann die Bundesliga wieder starten? Die Süddeutsche Zeitung befindet: „Der virusbedingte Shutdown war nötig, aber jetzt ist es an der Zeit, wieder anzupfeifen. Denn in der Wiederaufnahme der Fußball-Bundesliga liegen zwar Risiken – aber auch Chancen für die Gesellschaft."*

# EIERTANZ IN HAMBURG

*Von Heinz Gläser*

Ausgestreckte Hände und ausgebreitete Arme, wohin ich auch blickte. Die üblichen herzlichen Begrüßungsrituale griffen buchstäblich noch. Es war, als wollten wir der drohenden Unbill mit dem exzessiven Einsatz der oberen Extremitäten die Stirn bieten, als wollten wir gegen die sich abzeichnenden Schrecken der Pandemie anschütteln und anherzen.

Es war der 7. März 2020. Der SSV Jahn Regensburg maß sich in der 2. Fußball-Bundesliga mit dem einst ruhmreichen Hamburger SV. 41 317 Zuschauer saßen dicht an dicht im Volksparkstadion, aber die böse Vorahnung warf bereits ihre Schatten auf das Duell in der Hansestadt. Auf dem Rasen galt offiziell schon die nunmehr vorgeschriebene Corona-Etikette. Die Spieler reichten sich nicht mehr die Hände, sondern touchierten sich nur leicht mit den Ellenbogen.

Nach der Partie freilich, als wir Sportjournalisten in den Katakomben der Arena wie üblich darum wetteiferten, in Interviews monumental sinnfreie und inhaltslose O-Töne der Protagonisten zu erheischen, herrschte noch jene demonstrative Sorglosigkeit vor, die alsbald der Vergangenheit angehören sollte.

Der Jahn-Mittelstürmer, eben noch gefeierter Torschütze, streckte mir zur Begrüßung die rechte Hand entgegen und schüttelte die meine kräftig. Meinen mehr gemurmelten als wirklich klar artikulierten Hinweis, dass sich das angesichts des aktuellen Hygiene-Regimes nicht mehr zieme, wischte er souverän beiseite: „Ach was!" Sollte wohl heißen: „Hab dich nicht so, Weichei!"

Ein paar Etagen höher im Pressekonferenzraum blaffte mich später eine Kollegin an. Hamburg habe fast 1,9 Millionen Einwohner, rechnete sie vor, und verzeichne aktuell gerade mal lächerliche acht Infektionsfälle. Lediglich acht! Das ganze Bohei um das Virus gehe ihr gewaltig auf den Senkel, bedeutete mir die forsche Dame. Ich hätte sie bei Gelegenheit gerne mal wieder gesprochen, um ihre Einschätzung retrospektiv zu erörtern.

Und überhaupt die Abstände! Die streng zu wahrende Distanz von eineinhalb Metern zum eventuell infektiösen Mitmenschen war zu diesem Zeitpunkt staatlicherseits noch nicht klar definiert und kommuniziert. Das Einzige, was damals als gesichert gelten durfte, war ja, dass Gesichtsmasken unnützes Zeug sind. Also tasteten sich alle Beteiligten in einer Art Eiertanz heran an einen Abstand, der wiederum den Grad der individuellen Sorglosigkeit widerspiegelte. Das geschah bisweilen in grotesk anmutenden Trippelschritten, ähnlich jenen, die Elfmeterschützen im Fußball beim Anlauf hinlegen.

Ich bekenne an dieser Stelle freimütig: Die Pandemie bot mir einen prima Vorwand, mein ohnehin völlig zerrüttetes Verhältnis zur Deutschen Bahn und zu Zugfahrten generell umgehend zu beenden. Auf der Rückfahrt von Hamburg geriet ich in eine Ansammlung entnervter Reisender im überfüllten ICE, deren ungestümer Vorwärtsdrang von einem Asiaten jäh gestoppt wurde. Dieser machte sich ebenso ausdauernd wie vergeblich daran, sein zahlreiches und grob geschätzt insgesamt etwa eine Tonne schweres Gepäck in den dafür vorgesehenen oberen Ablagefächern zu verstauen.

Schon der Blick auf die Abmessungen seiner Gepäckstücke hätte den Mann aus Fernost von der Aussichtslosigkeit seines Unterfangens überzeugen müssen. Indes, er ließ partout nicht locker und verursachte einen Stau aus schwitzenden Leibern, in den eine enthemmte Seniorin mit dem energisch vorgetragenen Schlachtruf „Lassen Sie mich durch! Ich habe reserviert!" und unter Einsatz ihres Rollkoffers als Rammbock eine Schneise zu schlagen versuchte.

In mir wohnte schon lange vor dieser Episode der Verdacht, dass wir Deutsche psychisch dem temporären Dasein im Großraumwagen schlicht nicht gewachsen sind. Aggressionen vermehren sich dort wie Pilz- oder Bakterienkulturen unter idealen Bedingungen in der Petrischale. Kurzum: Seit ich unter Verweis auf die gesundheitlichen Gefahren das ungeliebte Zugfahren verweigere, muss ich nicht mehr mühsam meine klimapolitischen Verfehlungen rechtfertigen.

Aber das nur nebenbei. Eine Woche später stand die nächste Partie des SSV Jahn auf dem Spielplan. Die Vorschauseite auf das Duell mit Holstein Kiel war bereits fix und fertig, als am Freitagnachmittag die Kunde von der endgültigen Absage eintrudelte. Ich überantwortete das epische Traktat dem Papierkorb. Kein Leserauge sollte es je erblicken.

Für mehr als zwei Monate ruhte im ersten Lockdown der Ball. In der Brust des Sportjournalisten schlugen zwei Herzen, ist diese Form der professionell betriebenen Leibesertüchtigung doch nicht nur sein Broterwerb, sondern auch seine Passion. Dass die Herren Profikicker nach 65 Tagen Zwangspause wieder loslegen durften, um den Betrieb in ihrer milliardenschweren Unterhaltungsbranche im Sinne der Profitmaximierung fortzuführen, erschien (und erscheint) mir irrwitzig.

Der sogenannte „Re-Start" Mitte Mai trug mir dann sehr vorübergehend große Bekanntheit ein. Ein Fotograf der Deutschen Presse-Agentur passte mich beim Betreten des Regensburger Jahnstadions ab und dokumentierte mit seiner Kamera, wie ich mich dem nunmehr vorgeschriebenen Prozedere unterwarf. Er lichtete mich ab, als medizinisches Personal mittels Messung auf der Stirn unter dem wirren Haar die Körpertemperatur ermittelte. Das Foto machte bundesweit die Runde und trug mir im Kollegenkreis so manchen Spott ein.

Zu meiner Verblüffung war das Interesse der ausgesperrten Außenwelt an meinem Tun im gähnend leeren Stadion gewaltig. Es übertraf bei Weitem das Informationsbedürfnis nach meiner Rückkehr von der Fußball-WM 2014 in Brasilien, wo die deutsche Mannschaft immerhin Weltmeister geworden war. Ich sah mich als einer der wenigen handverlesenen Privilegierten ständig mit der Frage konfrontiert, wie sich diese Geisterspiele denn so anfühlten.

Die Antwort war ziemlich banal: Nach fünf Minuten eigentlich so wie immer! Als Reporter im Stadion ist man es irgendwann gewohnt, den akustischen Radau auf den Rängen professionell auszublenden. Das gleichzeitige Beobachten des Spielgeschehens und Tippen auf der Computertastatur duldet keine Ablenkung. Um ehrlich zu sein, dürfte die Umstellung größer sein, wenn erst wieder Zuschauer in Arenen strömen und dort Krach machen.

Sportjournalisten berufen sich ja gerne auf ihre Chronistenpflicht. Diese gebietet es, das Endergebnis des Jahn-Spiels in Hamburg zu nennen. Der HSV siegte damals mit 2:1 – am 7. März 2020, als alles nur eine böse Vorahnung war.

*„Zehn Wandertipps gegen die Corona-Langeweile", veröffentlicht die Mittelbayerische Zeitung im März 2021. Wieder einmal. Denn die Leser fordern Ablenkung. Spazierengehen und Wandern gehören zu jenen Freizeitbeschäftigungen, die in der Krise eine Renaissance erleben. Die bekannten Ausflugsziele in der Region werden an den Wochenenden regelrecht von Besuchern überflutet.*

# UND WIR WANDERN IMMER WEITER

*von Katrin Böhm*

Meine Eltern mögen es mir verzeihen, aber als Kind habe ich so manchen Sonntagnachmittag als nicht besonders prickelnd empfunden. Wäre ich schlau genug gewesen, hätte ich sofort Hals- oder Kopfschmerzen ins Feld geführt, wenn meine Eltern dazu ansetzten, meinem Bruder und mir das sonntägliche Nachmittagsprogramm zu erklären – und ich schon ahnte, dass es wohl auf einen Spaziergang hinauslaufen würde. Meiner Erinnerung nach bedeutete das nämlich, dass wir Runde um Runde irgendwo herumlaufen würden, vermutlich in irgendeinem Wald. Mit Glück würde es zum Schluss wenigstens ein Eis geben.

30 Jahre später sitze ich an einem Wintertag im Dezember 2020 mit meinen eigenen Kindern am Frühstückstisch. Der Zehnjährige erzählt, dass er im Homeschooling-Stress sein wird, der Mann, dass er ausnahmsweise mal wieder einen Termin in der Welt jenseits des Gartenzauns wahrnimmt. Und der Kleine, noch im Kindergarten und daher seiner alltäglichen Aufgaben völlig beraubt, sitzt da und fragt mit großen Augen: „Und ich? Was ist mit mir?" Ich nehme ihn in den Arm und sage ihm: „Wenn ich mit der Arbeit fertig bin, machen wir einen schönen Spaziergang." Er antwortet: „Scheiße." Ich fühle mit ihm – zu gut kann ich mich erinnern, wie mir zumute war. Damals, vor 30 Jahren.

Corona hat Ungeahntes möglich gemacht. Bis zum Jahr 2020 haben wir unsere Freizeit mit den Kindern quasi ausschließlich zwischen Tiergarten, Playmobil-Funpark und Erlebnisbad verbracht. Drei von vier Familienmitgliedern (alle, außer meinem Mann) haben diesen Dreiklang niemals in Frage gestellt, es war praktisch (überall Toiletten), die Versorgung war gesichert (Pommesbuden, Eis-Kioske) und Spaß hatten auch alle (die Kinder beim Toben, die Eltern beim Zuschauen – ganz mutig hatten wir manchmal sogar ein Buch dabei). Abends kamen alle glücklich zu Hause an, sämtliche Dauerkarten lagen bereit für den nächsten freien Tag. Über einen Wald-Spaziergang haben wir gar nicht nachgedacht, viel zu langweilig, höchstens eine Notlösung zwischendrin.

Wie fürchterlich es war, dass wir im Frühjahr 2020 nicht mal das Haus verlassen durften, brauche ich nicht weiter zu beschreiben. Wie furchtbar glücklich waren wir, als wir zumindest wieder in den Wald durften. In den Wald! Nur wir vier, ein paar Bäume – super. Diese Freude hätte wenige Monate zuvor kein Mensch für möglich gehalten. Bei den Männern in der Familie währte sie allerdings nur ein paar Wochen. Mir ist sie geblieben. Seit dem Frühjahr 2020 gehe ich plötzlich gerne spazieren. Schneeregen, Dunkelheit, verschlammte Wege – nichts kann mich stoppen.

Nach einem weiteren Tag im Homeoffice ist es für mich der ideale Ausgleich. Mittlerweile habe ich die Vorzüge der Tatsache erkannt, allein unterwegs zu sein. Dann kann ich so schnell gehen, wie ich will (ziemlich), muss mir kein Gejammer anhören (keine Lust, Hunger, Durst) oder nach zehn Minuten wieder umdrehen, weil es irgendwem doch zu kalt, zu nass, zu sonstwas ist. Stattdessen marschiere ich los, lasse meine Arbeit und alles andere (Waschmaschine befüllen, Küche putzen, Hausaufgaben kontrollieren) zurück. Die frische Luft macht mich frei. Ich gehe einfach vor mich hin, lasse die Gedanken schweifen, atme tief durch.

Ab und zu schaffe ich es, mich mit einer Freundin zu einem Waldspaziergang zu verabreden. Denn wir Eltern sitzen alle im selben

Boot. Alle müssen mal raus, weil zu Hause die Kinder durchdrehen, der Partner nervt und man nach gefühlt 279 ununterbrochenen Stunden daheim die immer gleiche Strecke zwischen Toilette, Küche und Büro nicht mehr sehen kann. Dann laufen wir flott Kilometer für Kilometer runter, schimpfen auf alles Mögliche und reden über das, worauf wir uns freuen. Zwischendrin begegnen wir Spaziergängern, die wir dort in Vor-Corona-Zeiten unter Garantie niemals getroffen hätten: Junge Männer mit Hipster-Frisuren, die wohl eigentlich eher im Fußballtraining wären, Teenager-Mädels, die mit goldenen Lacktaschen und eher ungeeignetem Schuhwerk durchs Unterholz laufen. Am Parkplatz reden wir im Stockdunkeln meistens noch eine Viertelstunde weiter, weil die 9,2-Kilometer-Runde immer noch zu kurz war. Ich bin mir ganz sicher: Das werden wir auch nach Corona beibehalten.

Am Wochenende schaffe ich es nach einer Pause im Sommer mittlerweile wieder, auch den Rest der Familie zu motivieren. Ich bin clever und spreche dann nicht vom Spazierengehen, sondern von einem „Abenteuer-Ausflug", einer „Wanderung mit spektakulären Felsen" oder davon, dass wir „unerforschte Wege gehen" – gut vermarktet ist halb gewonnen. Das klappt auch im zweiten Jahr nach Beginn der Pandemie erstaunlich gut. Und so wandern wir immer weiter und weiter – auf Berge, durch Wälder, zu Pferdeweiden. Wichtig ist nur eines: Der Weg darf nicht langweilig sein. Keinesfalls ein schnurgerader Schotterweg. Kein Asphalt. Je schmaler der Pfad, je gewundener, je abenteuerlicher der Weg, desto besser. Tiergarten, Funpark und Bad vermissen wir trotzdem und immer noch – aber die Wehmut ist kleiner geworden. Dafür haben wir unseren Freizeit-Horizont auf zuvor unvorstellbare Weise erweitert – und der wird uns auch nach Corona begleiten.

In 30 Jahren sitzen vielleicht unsere Kinder mit ihren Kindern am Frühstückstisch – und versuchen, sie vom Spaß des Spazierengehens zu überzeugen. Verzeihung, natürlich vom Spaß der großen, unerforschten Abenteuer-Wanderung. Vielleicht gehen wir sogar alle zusammen. Eine schöne, eine tröstliche Vorstellung. Danke, Corona.

*Die Corona-Krise kann schwerwiegende Auswirkungen auf die Psyche haben. Die Kontaktbeschränkungen machen uns einsam, traurig und auch mehr Menschen depressiv. Ein Haustier kann helfen, besser durch diese Zeit zu kommen. So wundert es also nicht, dass die Nachfrage nach Hund und Katz seit 2020 stark gestiegen ist. Das ZDF mahnt deshalb vor der Neuanschaffung zur reiflichen Überlegung: Tiere seien „ein Freund fürs Leben, nicht für den Lockdown". Unsere Autorin ist schon länger Katzenbesitzerin und hat an ihrer Leia nun im Homeoffice ganz neue Seiten kennengelernt.*

# STREICHELEINHEITEN

*Von Anna-Maria Ascherl*

Im Lockdown sind Tiere ihren Haltern eine wichtige mentale Stütze. So steht es jedenfalls in diversen Zeitungen und Zeitschriften. Ich stehe dieser These grundsätzlich aufgeschlossen gegenüber. Aber manchmal zweifle ich doch an meiner mentalen Stärke, wenn ich mir Dialoge mit meiner Katze Leia (ja, ich bin ein Riesen-Star-Wars-Fan) in Erinnerung rufe.

Leia: „Mau. Mau. Mau mau mau mau mau!!"

*Ich: „Ja Leia, ich hör' dich."*

Leia: „Mauuuu."

*Ich: „Willst du raus? Ok."*

Ich verlasse meinen improvisierten Arbeitsplatz am Küchentisch, steige auf die Couch und öffne das Fenster zum Garten. Unsere Wohnung liegt glücklicherweise im Keller. Leia schaut mich mit großen Augen an und maunzt.

*Ich: „Entweder gehst du jetzt raus oder nicht, aber entscheide dich!"*

Leia schleckt sich über die Pfote, putzt dann mit der Pfote ihr Gesicht, macht einen Buckel und tappt langsam Richtung Fenster.

Mein Laptop klingelt, die Arbeit ruft an.

*Ich: „Leia, jetzt beeil dich, ich muss ans Telefon!"*

Leia springt aufs Fensterbrett und bleibt erst mal sitzen.

*Ich: „Aaaaah!!"*

Ich lasse das Fenster offen und hoffe, dass Leia die Einstiegsluke in unsere schnuckelig warme Wohnung vor fremden Katzen bewacht, während sie den Schneeflocken zusieht, und sprinte durchs Wohnzimmer, um gerade noch rechtzeitig den Anruf entgegenzunehmen.

Zwei Minuten später springt Leia von der Fensterbank wieder auf die Couch, geht eine Runde im Kreis, legt sich hin und schläft. Ich springe also wieder auf und mache das Fenster zu, bevor sich an unseren Zimmerpflanzen Eiskristalle bilden. Ich nehme mir vor, dass ich das Fenster heute nicht mehr so schnell aufmache, nur weil die Katze mich drangsaliert. Aber seien wir ehrlich: Das Tier hat mich voll im Griff. In der Star-Wars-Analogie bedeutet das: Leia hat das Stadium der Prinzessin hinter sich gelassen und sich zum General aufgeschwungen.

Im Homeoffice oder generell im Lockdown ein Tier um sich zu haben, hat viele Vorteile. Erstens, man hat eine Aufgabe. Zweitens, man hat je nach Tier jemanden zum Kuscheln (wird wohl bei einer Schlange schwieriger sein als bei einem Hund – nur eine Vermutung, ich habe da keine Erfahrung). Drittens, man wird daran erinnert, dass man gebraucht wird. Und zwar regelmäßig. Viertens, man hat jemanden zum Reden. Diese Liste ließe sich bestimmt noch weiter fortführen.

Und profitiert nicht auch das Tier, wenn Frauchen und Herrchen mehr Zeit haben? Katzen nicht unbedingt, schreibt Tierärztin Tanja Warter in der Augsburger Allgemeinen: „Katzen lieben Routine über alles. […] Ist die Routine gestört, wird die Katze aus der Bahn geworfen." Eine Folge davon könne Aggressivität sein. Anders gesagt: Es wäre also möglich, dass wir unsere Katzen nerven, wenn wir plötzlich zu viel daheim sind, weil sie das in ihrem gewohnten Tagesablauf stört. Interessant.

Spielen wir das doch mal durch und versetzen uns in meine Katze hinein: Was könnte sie mir mit ihrem „Mau" sagen wollen? Vielleicht stellt sich Leia morgens die Frage, warum die Alte heute schon wieder daheim ist. So wie jeden Tag, also ständig, zu jeder Tages- und Nachtzeit. Wie soll eine Katze da ihre Ruhe haben, die den Großteil des Tages von einer bequemen Oberfläche zur nächsten wandert? Und warum soll sie denn immer in den Garten gehen zum „Spielen"? Dabei ist sie doch eigentlich nachtaktiv – und das müsste das Frauchen doch wissen! Und ständig diese Fragerei, ob sie Hunger habe. Als ob sie den ganzen Tag nur am Fressen wäre! Sie lesen da einen aggressiven Unterton heraus? Ja, ich auch. Vielleicht bin nicht nur ich vom Katzengemaunze genervt, sondern meine Katze auch von meiner dienstlichen Telefoniererei, die ihr den Schlaf raubt.

Es gibt auch Tage, da ist Leia ganz froh, dass ich daheim bin. Bestimmt. Ihr „Mau" deute ich dann als „Spiel mit mir!". Sie springt zu mir auf die Eckbank und bringt mir eines ihrer Lieblingsspielzeuge, einen bunten Ohrstöpsel aus Schaumstoff. Sie schaut mich erwartungsvoll an mit ihren schwarzen Augen, ihre Pupillen sind riesig geworden. Also spielen wir. Bis ich sage, dass ich weiterarbeiten muss, und den Stöpsel nicht mehr für sie werfe. Dann trollt sich Leia auf ihren Kratzbaum. Dort schläft sie dann, bis ich Feierabend habe – und das Spiel beginnt von vorne.

Aber wer weiß schon, was Katzen denken? Ich kann mit beiden Versionen meiner Katze leben: der aggressiven und der nachsichtigen. Denn auch wenn mein neuer Tagesablauf Leias Routine gewaltig durcheinandergebracht hat, ein Ritual bleibt: Die Streicheleinheiten, die sie sich abholt, wenn wir abends zu dritt auf der Couch liegen. Scheint also doch alles einigermaßen in Ordnung zu sein.

*Voll in Ordnung findet es derweil die wilde Verwandtschaft von Stubentiger, Mümmelmann und Co., dass die Städte und Dörfer plötzlich so still und friedlich sind. „Menschenleer wegen Corona: Wilde Ziegen erobern Küstenort in Wales", beschreibt das „Redaktionsnetzwerk Deutschland" einen Nebenkriegsschauplatz der Pandemie namens Llandudno. Und Llandudno ist quasi fast überall, wie ein tierischer Streifzug um den Globus zeigt:*

# FREIE WILD-BAHN IM LOCKDOWN

*von Martina Hutzler*

„Zurück zur Natur" ist das Eine. Aber in Corona-Zeiten heißt es zum anderen auch: Natur zurück in die Städte. Weltweit verdonnerte die Pandemie den Menschen zum Zuhausebleiben. Das wiederum haben allerlei Wildtiere genutzt, um ihr Zuhause zu verlassen und mal diese ansonsten so lärmenden, trubeligen und verkehrsreichen Menschensiedlungen zu inspizieren.

Kojoten zum Beispiel haben in San Francisco den Tag zur Nacht gemacht: Pfeif' auf den Schutz der Dunkelheit – weil kaum Autos unterwegs waren, nutzten die eigentlich nachtaktiven Steppenwölfe das Osterwochenende für einen Sightseeing-Ausflug. Einer posierte gar am helllichten Tag vor der Golden Gate Bridge. Hat eigentlich bloß noch gefehlt, dass er ein Selfie von sich geschossen und auf Instagram gepostet hätte…

Endlich mal gemütlich shoppen, ohne die vielen lästigen Zweibeiner: Das war offenbar die Devise der berühmten Sika-Hirsche von Nara. Die schlauen Viecher in Japans alter Kaiserstadt hatten natürlich schon lange vor Corona gewittert, dass sie als lebende Nationalschätze gesetzlich geschützt sind: Scheu vorm Menschen? Fehlanzeige! Dass die Hirsche nun sogar durch (normalerweise höchst belebte) Einkaufsstraßen zogen, war aber selbst für die Japaner neu.

Bedauerlich fanden es die weiß-gefleckten Stadtbummler nur, dass ihr Leibgericht – Kekse to go – pandemiebedingt gestrichen war: Es fehlten ja leider die Touristen, denen die Hirsche normalerweise die Kekse abluchsen. Oder muss es „abhirschen" heißen?

Einem Südamerikanischen Seelöwen würden wohl selbst verwegene Touris keine Kekse anbieten: Bis zu einer halben Tonne Lebendgewicht nötigen unumwundenen Respekt ab. Aber zumindest das Strandleben haben Mensch und Tier im argentinischen Seebad Mardel-Plata bislang schon einträchtig genossen, wenn man diversen Reiseführern Glauben schenken darf. Als dann aber auch in Argentinien eine Ausgangssperre verhängt wurde, robbten sich die davon unbeeindruckten Meeressäuger zu strategisch wichtigen Posten in der Hafenstadt vor: „Seelöwen auf Landgang", meldeten etliche Nachrichtenportale übereinstimmend euphorisiert.

In Venedig müssen Meeresbewohner ihr gewohntes Element für einen Stadtbummel gar nicht verlassen. Nur macht so eine Schwimm-Tour durch die Lagunenstadt normalerweise keinen Spaß, wenn Gondeln, Vaporettos und schlimmstenfalls Kreuzfahrtschiffe jede Menge – nun ja: „Staub" aufwirbeln. „Jetzt oder nie", haben sich deshalb wohl im März 2021 zwei Delfine gedacht. Und statteten dem von Corona verkehrsberuhigten Canal Grande geflossentlich einen Besuch ab.

Weniger Sympathiepunkte besitzen die ungewohnten Gäste, die in den Avenidas von Barcelona gesichtet wurden – die Rotte Wildschweine, die dort auf Shopping-Tour ging, darf aber immerhin als Seltenheit gelten. Zumindest, wenn man die geräucherte Variante nicht mitrechnet, die des Öfteren in spanischen Feinkostläden abhängt…

Eine ähnliche Gratwanderung stellt der Ausflug dar, den in Corona-Zeiten ein Rudel wilder Truthühner quer durch Chicago unternommen hat. Von einem dauerhaften Zuzug kann man ihnen nur abraten. Mögen sich Tierfreunde finden, die die gewichtige Hühnerschar rechtzeitig über das kulinarische US-Brauchtum rund um Thanksgiving aufklären!

Andere tierische Kulturfolger wittern den Braten von alleine – oder eben auch, wenn es in Pandemie-Zeiten weniger Braten gibt. Füchse etwa sind zwar längst heimisch in unseren Städten; allenfalls traben sie, dank des geringeren Verkehrsaufkommens, noch ungenierter über die Straßen, wie jüngst einer mitten auf der nächtlich-leeren Maximiliansbrücke von Kelheim. Doch für Füchse und andere tierische Untermieter hatte die pandemische Ruhe auch ihren Preis: Sitzt der Mensch zu Hause fest, wirft er nicht so viel Müll auf die Straßen. Entsprechend wenig Streetfood war im Lockdown zu holen. Das haben, so hört man, selbst die Spatzen traurig von den Dächern gepfiffen.

*Hört das eigentlich jemals wieder auf? Diese Frage stellen sich Eltern, die seit Monaten Kinderbetreuung und Homeoffice unter einen Hut bekommen müssen. Erst war es ungewohnt, aber durchaus schön: Mehr gemeinsame Zeit, wieder mehr gemeinsame Mahlzeiten, ein Miteinander, das der übliche Alltag sonst nicht bietet. Doch nach und nach schwinden die Kräfte. Die Anforderungen auf allen Seiten sind immer schwerer zu erfüllen. Übrigens kam die Hans-Böckler-Stiftung schon 2019 – also vor Corona – in einer Studie zu einem interessanten Ergebnis: „Mütter im Homeoffice arbeiten am meisten!"*

# ICH GEH MAL KURZ SCHREIEN...

*von Isolde Stöcker-Gietl*

Manchmal frage ich mich, ob das noch reales Klingeln ist oder ob ich schon Tinnitus hab. Bei uns bimmelt es nämlich von früh bis spät. Der Wecker, der Lehrer im Chat, die Schulfreundin am Handy, der Postbote an der Tür, die Arbeitskollegen in Teams, die Interviewpartner über die umgeleitete Büronummer, dann der nächste Lehrer, eine andere Schulfreundin, der Paketdienst... Sie klingeln, wir spielen – den Journalisten und Hilfslehrer, die Reinigungskraft und den Koch, den Blitzableiter und Psychiater. Willkommen im Homeoffice mit angeschlossenem Bildungsinstitut, was kann ich für Sie tun?

Wochen, nein Monate bin ich nun schon – wie Millionen andere berufstätige Mütter und Väter – im Spagat zwischen Beruf und Kinderbetreuung. Das Beschulen hat Spuren hinterlassen. Die permanente Müdigkeit drückt sich in dunklen Augenringen und blasser Haut aus. Das kann nicht allein daran liegen, dass im Homeoffice weniger Make-up aufgelegt wird. „Meine Energie ist aufgebraucht, ich will mich einfach nur noch hinlegen und ein paar Tage schlafen", sagt meine Freundin. Sie ist Lehrerin und beschult nun ihre Klassen, während sie gleichzeitig dafür sorgt, dass auch ihre Kinder im Distanzunterricht zurechtkommen. Danach kocht sie und erledigt den Haushalt. Sie schickt hunderte E-Mails mit Korrekturen an ihre Schüler und manchmal mahnende Briefe an die Eltern. Nachts bereitet sie die nächsten Stunden vor. Wenn sie Vollzeit arbeiten würde, wäre sie längst zusammengebrochen, sagt sie. Eine andere Freundin, ebenfalls Lehrerin und zweifache Mutter, erzählt, dass sie nach Unterrichtsschluss Arbeitsblätter ausführt und später wieder einsammelt. Und dass sie rund um die Uhr darüber nachdenkt, was sie tun kann, damit kein Kind den Anschluss verliert. Mittags hält sie neuerdings einen kurzen Schlaf, um bei Kräften zu bleiben. Den Lehrern, das stelle ich anerkennend fest, verlangt die neue Art von Schule – mal im Distanz-, mal im Wechsel- und für kurze Momente auch im Präsenzunterricht – enorm viel ab. Aber uns Müttern und Vätern eben auch.

Der Tag beginnt früh: Morgens um 6 Uhr checke ich die dienstlichen Mails, schaue, was heute in den Medien für Themen unterwegs sind, schicke schon erste Interviewanfragen raus. Was Journalisten eben so tun, aber normalerweise nicht, wenn gerade der erste Hahn gekräht hat. Sei doch froh, sagen meine Töchter. Sonst musstest du uns um diese Uhrzeit die Pausenbrote schmieren. „Jetzt hast du Ruhe." Stimmt. Im Homeschooling steht hier nämlich keiner mehr auf, bevor nicht die Morgensonne ins Zimmer spitzt oder der Lehrer den obligatorischen Video Call startet. Ding Dong. Der Erste, der heute klingelt.

Während meine 12-jährige Tochter – noch im Schlafanzug und zur Hälfte unter der Bettdecke versteckt – ein verpenntes „Guten Morgen" ins Headset haucht, bin ich schon zwei Stunden im Dauerlauf. Bei meiner Küchenmaschine entspräche das der Turbotaste, die alles zu Mus häckselt. Kompott, so würde ich auch meinen Gemütszustand an manchen Tagen beschreiben. Ein täglicher Marathon, der mir alles abverlangt. Und obwohl ich immer als Erste starte, laufe ich ebenso sicher als Letzte ins Ziel. Nicht, weil ich besonders langsam bin, sondern weil ich immer wieder in meinem Laufrhythmus unterbrochen werde.

Eine weitere Freundin, Mutter von drei Kindern, sagte mal, wenn sie für jedes „Mama" im Homeschooling einen Euro bekommen würde, dann könnte sie jeden Tag schön shoppen gehen. Sie hat allerdings den Vorteil, dass sie zum Arbeiten außer Haus muss und dann tatsächlich nicht gestört werden kann. Bei mir werden nun Termine, Telefonate und kreatives Schreiben durch fortlaufendes Ausdrucken von Arbeitsblättern, ebenso fortlaufende WLAN-Probleme und die ständige Frage, was es eigentlich heute zu essen gibt, unterbrochen. Sind die Kinder ruhig, jammern die Katzen. Manchmal könnte ich nur noch schreien!

Ich komme aber nicht dazu, denn es klingelt schon wieder. „Wie praktisch, dass Sie jetzt immer persönlich anzutreffen sind", sagte neulich ein Paketfahrer zu mir und drückte mir eine schwere Box in die Hand. „Ihre Nachbarn sind leider nicht zu Hause…" Gern geschehen! Kaum ist die Tür zu, trällert das Festnetz seine nervtötende Melodie. Meine Mutter. Sie erinnert mich an ihren Arzttermin morgen. Auf dem Bildschirm ploppt auch eine Terminerinnerung auf. Pling! Die wöchentliche Redaktionskonferenz. Schade, seit Ausbruch der Pandemie habe ich gefühlt 80 Prozent meiner Kollegen nicht mehr persönlich getroffen. Die Konferenz ist längst Makulatur. An die 20 Leute dicht an dicht in einem kleinen Besprechungsraum? Undenkbar! Ich hätte nicht gedacht, dass einem dieses oft langatmige Kreisen um die Themensetzung so fehlen könnte.

Ah, mein Mann whatsappt aus dem kindersicheren Büro, 15 Kilometer von zu Hause entfernt: „Warst du schon beim Einkaufen? Mir wäre heute nach etwas Indischem!" So vergeht die Zeit wie im Flug. Zumindest läuft es jetzt halbwegs rund und ohne weitere nennenswerte Störungen. Pakete scheinen auch keine mehr unterwegs zu sein. Wichtige Gesprächspartner haben durchgeklingelt. Jetzt wollen aber die Kinder ein warmes Mittagessen. Ich muss wieder kurz unterbrechen. „Melde mich gleich zurück", verkünde ich in der Redaktions-Chatgruppe. Zwei Smileys und ein Daumen hoch begleiten mich an den Herd. Die Kollegen kennen das schon.

Apropos Erreichbarkeit: Wer im Homeoffice seine Büronummer via Laptop bedient, außerdem über Handy, Teams und Festnetz erreichbar ist, der stellt ziemlich schnell fest, dass die anatomischen Gegebenheiten nicht mit den technischen Entwicklungen mitgehalten haben. Es passiert tatsächlich, dass alle Geräte gleichzeitig einen Anrufer vermelden. Kein Witz! Deshalb läuft wohl alles auf eine neue Evolutionsstufe hinaus. Der Mensch braucht mehr Hörorgane. Vielleicht lassen wir uns neben den Ohren noch drei Hörhörner wachsen wie die Olchis. Sie wissen schon, die grünen Wesen, die auf der Müllkippe von Schmuddelfing wohnen und deren Geschichten wir unseren Kindern gefühlt tausend Mal vorgelesen haben. Dann könnte ich mir auch noch ein zweites Handy zulegen. Ein Horn wäre ja noch frei…

Schon wieder sind zwei Stunden rum, denn genug Ablenkung gibt es weiterhin. Die Klavierstunde meiner Jüngsten findet jetzt auch digital statt. Neulich rief ausgerechnet in dieser Zeit die Oberbürgermeisterin zurück. Zwischen A-Dur und G-Moll noch kritische Fragen zu stellen, das hat was von Feuilleton. Da wollte ich eigentlich nie hin.

Also, weiter im Text. Wird Zeit, dass er endlich fertig wird. Es klingelt auch schon wieder. Anruf aus der Redaktion. „Warum erreicht man dich so schlecht?", fragt der Kollege. Die Hörhörner sind noch nicht gewachsen, antworte ich. Ich mobilisiere die letzten Kräfte – die Ziellinie des heutigen Marathons habe ich nun dicht vor Augen. Dahinter stehen schon mein Mann und die Kinder, um gemeinsam mit mir die Aftershow-Party zu feiern. Was gibt's eigentlich zu essen, fragt die Zwölfjährige schon wieder. Indisch sicher nicht. Ich habe den Einkauf vergessen. Wir rufen beim Pizzadienst durch. Als der Lieferservice klingelt, ist es wie Musik in meinen Ohren. Endlich Feierabend für heute.

*Glasauge, das Satiremagazin der „Welt", schreibt im April 2020: „Hiobsbotschaft für den Fußball! Es gibt inzwischen 83 Millionen Experten für das neuartige Coronavirus in Deutschland – und somit zum ersten Mal mehr als selbsternannte Bundestrainer." Wohl wahr: Und was früher allenfalls an den Wirtshausstammtischen kluggescheißert wurde, wird heutzutage von Profi- und Sozialen Medien unerbittlich in die Welt posaunt. Sogar Aspekte, von denen die Protagonisten selbst noch gar nichts ahnten.*

# UNTER VIROLOGEN

*Von Martina Hutzler*

Uns Normalbürger hat Corona privatisiert: Auf dem heimischen Sofa fläzen wir uns durch die Lockdowns, zappen uns durch Fernsehkanäle, Internet-Seiten, Podcasts; was es halt so gibt an kontaktfreier Unterhaltung. Und dort beobachten wir interessiert, dass mit Corona eine ganze Berufsgruppe veröffentlicht worden ist, die uns früher allenfalls im Kreuzworträtsel begegnete: „Wissenschaftler mit unsichtbarem Forschungsobjekt, acht Buchstaben" – hmmm….: Virologe??

Moment mal, Viri – war das nicht irgendwas mit Männern, damals im Lateinunterricht? Ja, da muss was dran sein; die Kollegen vom „Stern" haben das doch auch so enthüllt, im März 2020: „Virologen sind zurzeit gefragter als jeder Prominente. Wir stellen die wichtigsten Männer während der Corona-Krise vor". Echte Stern-Stunde der Emanzipation! Eines hat das Blatt damals freilich unterschätzt: Virologen, männliche zumal, s i n d längst die neuen Prominenten.

Ja gut, modisch geben sie nicht so viel her; die Unterschiede zwischen „Exner Visitenkittel Stehkragen" und „Hiza Laborkittel Comfort Fit" fallen dem ungeübten Auge auch beim dritten „Tagesschau"-Schwenk durchs Labor kaum auf. Und ja, früher waren die Erkenntnisse

91

einfacher verdaulich, an denen uns Promis teilhaben ließen. Leicht wie Soufflé kam einst zum Beispiel die kulinarische Weltläufigkeit eines Dieter Bohlen daher: „Zurzeit esse ich gerne italienisch. Besonders mag ich Sushi."

Doch nun: Härtere Zeiten, härtere Kost. Etwa wenn Professor Dr. Christian Drosten im NDR-Podcast „Coronavirus-Update" auf die Frage antwortet, ob man nach einem Mal Corona-Infektion wenigstens dauerhaft durch ist mit der Nummer? Tjaaaa… Da „ist das so, dass es zelluläre Immunität gibt. Also die T-Zell-Gedächtnisreaktion, die Reaktion von T-Gedächtniszellen, die aber anzeigt, dass eine zelluläre Immunität besteht. Das sind nicht die Effektorzellen, nicht die CD8-Zellen, also die zytotoxischen T-Zellen, die selbst aufs Virus losgehen. Und auch nicht die B-Zellen, die Antikörper produzieren. Sondern das sind die Schaltstellen im Immungedächtnis. So kann man es vielleicht mal ganz einfach sagen." Stimmt, eigentlich ganz einfach, jetzt, wo er das so sagt….

Zur Beruhigung für alle, denen bei so was die Schaltstellen im Hirnkastl vor Schreck aus der Fassung hüpfen, hat ein dpa-Kollege das Feld der Biologie verlassen und einen Medienpsychologen aufgetrieben; ja, was es nicht alles gibt. Der Medienpsychologe also hat erklärt, dass Drosten und Co. gar nicht unbedingt unsere Lehrer für den zweiten Bildungsweg sind. Sondern eher so was wie Ingo Zamperoni und Marietta Slomka, nur mit Kittel. Auch den Anker-Männern und (!)-Frauen von „Tagesthemen" und Co. hängen wir allabendlich an den Lippen, ohne dass wir uns hinterher ihre Nachrichten im Detail gemerkt hätten. Vielmehr, klärt uns der Medienpsychologe auf, seien die Slomkas und Zamperonis so was „wie gute Nachbarn, die man zu kennen glaubt" und deren abendliches Geplauder sozusagen zum Abschluss des Tages gehört wie ein Glaserl Wein. „Und das ist bei Herrn Drosten vermutlich ähnlich", folgert der Psychologe.

Als lebenden Beweis zitiert der dpa-Kollege noch eine nichtgenanntwerdenwollende Medizinerin, die den ehrwürdigen Charité-

Chefvirologen zu ihrem ganz persönlichen Pandemie-Sandmännchen degradiert hat: Sie sei „wochenlang mit dem Drosten-Podcast eingeschlafen, weil sie seine Stimme so angenehm und beruhigend findet". Wobei, wenn wir jetzt schon bei den Soft Skills sind: An der Haar-Performance könnt' der Drosten noch ein bissl arbeiten. Die löst bei mir jedes Mal den Jogi-Löw-Reflex aus. Letzterem möchte man immer den Haar-Vorhang aus den Augen schieben; dem Drosten wollte man am liebsten die widerspenstigen Locken glattkampeln.

Zumindest in haariger Hinsicht läuft ihm der zweite Fixstern am Virologen-Himmel den Rang ab: der glattgekämmte Professor Dr. Hendrik Streeck. Was dem wohl peinlicher war? Dass ihn Jan Böhmermann als „Deutschlands bestfrisierten, unabhängigsten und seriösesten Virologen" verulkt hat? Oder dass die Zeitung mit den großen Buchstaben ihn fachlich fundiert einordnet als „Sonnyboy unter den Virologen: Hendrik Streeck, 42 Jahre jung, trägt neben blondem Scheitel auch einen Professoren-Titel." Autsch.

Freilich: Weder ein Drosten noch ein Streeck halten auf Dauer allein mit T-Zellen, CD8-Zellen und sonstigem Zellgedöns die Leser, Hörer und Zuschauer bei der Stange. Darum widmen sich investigative Medien schnell den wichtigen seitlichen Erkenntnissen aus der Welt der Virologie.

Wie, was – die schwenken ihre Reagenzgläser nicht nur gegen Kost und Logis im Uni-Labor?? Nein, der „Merkur" enthüllt es auf Cent und Euro: „So viel Geld verdient ein Virologe!" Die Fachzeitschrift „Werben & Verkaufen" unterzieht derweil die Corona-Experten einem „Social-Media-Check". Im Follower-Vergleich liegt Drosten zwar bei Twitter eindeutig vor Streeck. Aber beide, o Schreck, landen weit abgeschlagen hinter dem türkischen, dem indischen Gesundheitsminister und, ja ist das denn zu fassen, sogar hinter dem Corona-Regierungsberater von Mexiko. Darauf bitte erst mal eine Corona-Halbe bitte!

Apropos Halbe: So wie sich 83 Millionen Hobby-Virologen vortasten in die Welt von Viren, DNA und RNA, so stoßen auch die echten

Virologen jenseits ihrer Labortüren in unbekannte Welten vor. Drei Forscher vom Robert-Koch-Institut mutierten zu Bierologen und beleuchteten in Mitterteich das coronare Starkbierfest-Desaster vom März 2020. Ungefähr zeitgleich begab sich Streeck auf die Spur einer fatalen Corona-Narretei: Er kehrte in der Karnevals-Infektions-Hochburg Gangelt das Unterste zuoberst. Ein Post zeigt ihn am Boden durch ein Gangelter Wohnzimmer rutschen beim Versuch, von einer Hauskatze einen Abstrich zu nehmen. Mit seiner „Heinsberg-Studie" holte Streeck kurzzeitig die mediale Pole Position. Weil er allerdings seine Forschertätigkeit mithilfe der Agentur „StoryMachine" und deren Sponsoren allzu sunnyboy-mäßig promotet hat, ist ihm seither ein bissl was vom Gangelter Wohnzimmer-Dreck am weißen Laborkittel kleben geblieben.

Unterdessen erfahren wir am Ende der ersten Corona-Halbzeit: Ja da schau her, auch Frauen können Viren! Nach längerem Suchen finden gender-verdonnerte Redaktionen doch noch Wissenschaftlerinnen wie die Münchner Professorin Dr. Ulrike Protzer oder ihre Frankfurter Kollegin Prof. Dr. Sandra Ciesek. Die dürfen nun zwar auch immer wieder mal ran, um uns in die Geheimnisse der effektiven Reproduktionszahl R einzuweihen.

Aber ganz großes Kino bleibt den beiden medialen Alpha-Männchen vorbehalten. Denn, o nein, die „Virologen Streeck und Drosten haben sich offenbar entzweit ..."!, müssen wir im Oktober 2020 aus der „Welt" erfahren. „Zweimal schickte Streeck ihm noch eine Mail, doch Drosten habe nicht geantwortet", verraten ganz bestimmt ganz gut unterrichtete Kreise. Noch mehr an Demütigung hält D. für S. parat: „Auch bei Twitter sei er ihm entfolgt" – ja, das grenzt doch an Psychoterror!

Psychoterror freilich trifft vermehrt alle diejenigen aus der Zunft der Viro-, Epidemio- und Infektiologen, die nicht im Elfenbeinturm bleiben, sondern sich stetig mühen, ihre Erkenntnisse ans Volk zu bringen. So viel stetiges Mühen mag das Volk nämlich gar nicht; spätestens im Herbst 2020 tät's ihm doch mal reichen mit dem Viren-

Gesocks. Man gibt sich zunehmend genervt von Inzidenzen, Evidenzen und vor allem Konferenzen, auf denen es heute so heißt und morgen schon wieder ganz anders. Ein Kollege von der „Deutschen Welle" hat's treffend formuliert: „Die Tatsache, dass sich Erkenntnisse über ein neuartiges Virus ständig wandeln und deshalb auch Wissenschaftler in einem stetigen Lernprozess sind, scheint (…) für viele Menschen nur schwer begreiflich zu sein." Ja mei, liebe Leut': Es heißt halt „Wissen-schaft" und nicht „Wissen-ist"!

Wenn Wissenschaftler deswegen allerdings im Internet Hasstiraden und sogar Morddrohungen ernten, hört der Spaß auf! Derlei Entgleisungen muss nicht zuletzt auch einer ertragen, der per Visitenkarte gleich zwei Reizwörter vorlegt: der Politiker und Epidemiologe Professor Dr. Karl Lauterbach. Zugegeben: Wenn er alle 14 Tage bei Lanz in rheinischem Singsang, aber trotzdem unwiderlegbar erklärt, in der wievielten Welle wir schon stecken und warum wir also zurück in den Hausarrest müssen: Ja, dann würde man ihn mitunter gern an seiner unvermeidlichen Fliege (pardon, sie ist doch vermeidlich, weiß „news.de": „Karl Lauterbach privat: Ohne Fliege!") packen und mit derselbigen zum Mond fliegen lassen.

Aber was bei den alten Griechen schon wirkungslos blieb, nämlich den Überbringer schlechter Nachrichten zu köpfen, macht auch bei Wissenschafts-Botschaftern keinen Sinn: Zumindest das haben die meisten von uns nach über einem Jahr Pandemie kapiert. Und so gilt andererseits: Viel Feind, viel Ehr'. „rp-online" hat ihn entdeckt, den „Twitter-Trend um Karl Lauterbach". Unter dem Hashtag „#WirWollenKarl" hat sich eine Fangemeinde formiert, die K.L. zum nächsten Gesundheitsminister machen will. Au weia, wenn das viral geht….

Gleich noch viel, viel weiter gehen will der amerikanische Biologie-Professor Ken Stedman. Dem gibt seine Virensuche in vulkanischen Thermalquellen offenbar nimmer genügend Kick. Laut „grenzwissenschaft-aktuell.de" schlägt er allen Ernstes vor, nach interplanetarer Corona-Verwandtschaft zu suchen: „Seit der Entdeckung und Beschreibung der ersten Viren sind nun schon mehr als 100

Jahre vergangen. Mit Beginn des zweiten Jahrhunderts der Virologie sollten wir endlich damit anfangen, uns auch auf Ziele jenseits unseres eigenen Planeten zu konzentrieren." Oh nein, bitte nicht! Mögen sich alle Virologen der Welt zusammentun, damit dieser Forschungsansatz im Reagenzglas erstickt...!

NACH EINER UNTERSUCHUNG
VON PROF. DR. ED U. SCHO
SOLL DER KONSUM VON
KAFFEE DIE GEFAHR
VERRINGERN, SICH MIT
DEM CORONAVIRUS ZU
INFIZIEREN.

*Und, heute schon gelötet, geschweißt oder getischlert? „Weil Heimwerken im Lockdown beliebt ist, zählt die Branche zu den Gewinnern der Corona-Krise", vermeldet Tagesschau.de im März 2021. Als im ersten Lockdown zunächst die Baumärkte noch offen hatten, kam es dort zu Massenansammlungen. Deshalb mussten auch sie schließlich wochenlang zusperren. Der Trend hat aber selbst den zweiten Lockdown erfolgreich überlebt. Auch unsere Autorin kann es nicht mehr lassen.*

## BRAUCHT HIER NOCH JEMAND EINEN HEIMWERKER?

*Von Anna-Maria Ascherl*

**M**ir wird nicht schnell langweilig. Als mit Abstand jüngstes von vier Geschwistern konnte ich mich wunderbar allein beschäftigen. Noch dazu bin ich auf einem Bauernhof aufgewachsen – mit Abenteuerspielplatz im Wald inklusive. Wenn keiner zum Spielen da war und das Wetter zu schlecht, habe ich Haute Couture für meine Barbies aus Stoffresten entworfen, mithilfe eines Spielzeugtelefons den Flugverkehr der Lufthansa-Flotte gelenkt oder Mamas Tupperschüsseln nach Größe und Farbe sortiert.

Ein paar Wochen Lockdown? Null problemo! Endlich Zeit zum Lesen, für meine Lieblingsserien, Zeit für mich. Hach, schön.

Kaum zu glauben, aber nach ein paar Wochen musste ich meinen eReader weglegen und Netflix und Disney+ eine Pause gönnen – zu kopflastig. Was dann folgte, kennen so viele andere auch: Ich habe Küchenschränke aussortiert und die Speisekammer umgeräumt. Aber auch das ist eine endliche Beschäftigung. Gott sei Dank. Also zurück zu Hobbys, die Spaß machen: Ich wollte immer schon mal auf Leinwand malen, mit Acryl-Farben, Glitzer, Federn. Ergebnis: Meine Werke zieren jetzt die Wände unserer Wohnung und den Raupputz im

Keller unserer Freunde. Mein Geschenk zum Geburtstag: eine bunte „30" an der Kellerwand, signiert, versteht sich.

Aber auch mit dem Malen war es irgendwann vorbei. Allerspätestens, als alle freien Plätze in der Wohnung mit neuen Bildern gefüllt und sogar einige Werke in die geheime Geschenke-Box umgezogen waren (Tipp von mir: Es lohnt sich, unisex-Geschenke zu horten – man weiß ja nie, wann der nächste Lockdown kommt.). Jetzt musste also was Sinnvolles her. Was mich zu meinem Freund bringt. Und zum Heimwerken.

Je länger die Pandemie dauert, desto deutlicher ist eine Zunahme der Werkzeuge in unserem Haus zu beobachten. Zuerst war da der Bandschleifer, dann kam die Oberfräse, an Weihnachten lag schließlich eine Kappsäge unterm Baum. Alles Werkzeuge, um Holz in Form zu bringen. Und das haben wir – ganz schön viel Holz.

Unser erstes gemeinsames Projekt war ein Brotzeitbrett aus Kirschholz. Es gibt ein Foto von mir, wie ich mich, mit Mütze, Brille und Maske geschützt und trotzdem total eingestaubt, auf den Bandschleifer stütze und versuche, das harte Kirschholz glatt zu bekommen. Sieht auf den ersten Blick anstrengend aus. Auf den zweiten Blick entdeckt man die Lachfältchen um meine Augen. Klar, es ist mühselig und staubig. Aber es macht auch so viel Spaß, mit Holz zu arbeiten! Sägen, hobeln, schleifen, bohren, einlassen: Wie es in einer Werkstatt riecht, in der den ganzen Tag gearbeitet wurde, lässt sich mit nichts vergleichen. Gut, mit dem Staub, der sich in Haaren und Nase festsetzt, muss man leben können. Aber egal! Dafür macht Werkeln glücklich.

Aus einem Brotzeitbrett wurden zwei und die Projekte immer größer: eine Hochzeitsbank für unsere Freunde, ein Bett für uns – zwei mal zwei Meter, massiv, mit Kopfteil. Freilich gibt es diese Dinge auch zu kaufen. Aber wir hatten das Material, weil mein Papa eine wunderschöne Weißtanne davor bewahrt hatte, Brennholz zu werden. Wir hatten dank Corona Zeit und Muße. Und mein Freund hat Talent. Wie sich herausgestellt hat, bin ich eine exzellente Handlangerin, die schnell lernt. Dreamteam.

Überhaupt eignet sich der Lockdown hervorragend, um Neues zu lernen und seine handwerklichen Fähigkeiten zu verbessern. Eine Freundin hat erst neulich zu mir gesagt: „Eigentlich traurig, dass erst eine Pandemie kommen musste, damit ich mir mit 27 von meiner Mama etwas zeigen lasse." Ihre Mama ist gelernte Schneiderin. Im vergangenen Jahr hatte meine Freundin endlich Zeit, sich von ihr das Nähen beibringen zu lassen. Auf der alten Maschine ihrer Mama schneidert sie mittlerweile Babykleidung, Kosmetiktascherl, Schlüsselanhänger. Ob sie je die Muße gehabt hätte damit anzufangen, wäre Corona nicht gewesen?

Hätte ich mir je die Zeit genommen, das Natron-Buch, das mir meine Mama geschenkt hat, von vorne bis hinten durchzulesen und mein eigenes Deo zu machen? Geht übrigens ganz leicht: Einfach 3 EL Kokosöl, 2 TL Natron, 2 TL Speisestärke und 5 Tropfen ätherisches Öl vermischen, voilà. Hätten mein Freund und ich tatsächlich ein Bett zusammengebaut? Wahrscheinlich schon, wir brauchten dringend ein neues. Aber es hätte verdammt lang gedauert.

Wenn wieder alles normal läuft, wenn Corona endlich überstanden ist: Was bleibt von unseren neu errungenen Fertigkeiten? Das Nähen wird meine Freundin so schnell nicht mehr verlernen. Ich habe keine Scheu davor, das nächste große Projekt anzugehen – einen Esstisch vielleicht? Und meinen Freund kann ich hoffentlich davon überzeugen, mir zu helfen. Er hat sich nämlich noch ein äußerst sinnvolles Hobby erschlossen: Chilis züchten. Mit zwei Sorten hat er 2020 angefangen, heuer hat er schon 24 Sorten unter einer UV-Lampe großgezogen. Und auch seine Werkzeuge kamen wieder zum Einsatz: Um für die Pflänzchen Platz zu schaffen, hat er in unser Wohnzimmer-Fenster ein Regal gebaut. Die Chilis stehen dort jetzt zweigeschossig. Beim Züchten bin ich nicht sehr hilfreich, mein grüner Daumen reicht allenfalls für die wenig durstenden Orchideen. Aber dafür kann ich bei der Chilipasten-Herstellung nützlich sein. Selten so schöne Etiketten gesehen!

*Geburtstage kann man nachholen. Hochzeiten auch. Aber was, wenn der Schulabschluss oder gar eine Beerdigung mitten in den Lockdown fallen? „Eltern verfolgen Schulabschluss vom Sofa aus", titelt die Rheinpfalz über den zweiten Abitur-Jahrgang, der nun ohne große Sause die Schule verlässt. Dass Feiern viel mehr bedeuten können als geselliges Beisammensein, hat unsere Autorin durch einen Todesfall begriffen.*

# EIN ABSCHLUSS OHNE ABSCHLUSS

*von Isolde Stöcker-Gietl*

Ein Jahrzehnt haben wir darauf hingearbeitet. Eine lange Zeit, die mit einer selbstgebastelten Schultüte begann und mit einem rauschenden Abschlussball im Sommer 2020 enden sollte. Unsere Tochter war kurz vor einem ersten wichtigen Schritt zum Erwachsenwerden. Sie machte ihren Schulabschluss. Es war wohl das traurigste Fest, das diese Schule je ausrichten musste. Statt Pauken und Trompeten begleitete nur der Wind im stoßgelüfteten Klassenzimmer die schmucklose Zeremonie.

Feiern, das ist seit März 2020 ähnlich kompliziert wie die stochastische Berechnung eines Lottogewinns. Wenn wir zwei Gäste mehr als erlaubt einladen, wie hoch ist dann die Wahrscheinlichkeit, vom Nachbarn verpfiffen und anschließend von der Polizei mit einer Strafzahlung belegt zu werden? Ständig mussten wir kalkulieren und kamen in Summe nie auf ein vernünftiges Ergebnis. Wenn die engste Familie aus zehn Personen besteht, dann kann man den Schwager ja nicht mit einem Törtchen in der Hand vor der Tür stehen lassen.

Bei uns traf das ausgerechnet ein Jahr, in dem es besonders viel zu feiern gab. Zwei runde Geburtstage, besagten Schulabschluss und noch so einiges mehr, worauf wir gerne angestoßen hätten. Wir sagten eine lange geplante Geburtstagsreise ab, auch die große Gartenparty im Sommer, für die wir schon das Catering gewählt und die Gästeliste verfasst hatten. Wir vertrösteten alle aufs nächste Jahr. Und wohl bald aufs übernächste. Eine Bekannte sagte zu mir, dass alle Geburtstage, die nicht gefeiert werden können, auch nicht gerechnet werden dürfen. Unter diesem Aspekt erscheint mir der Verzicht nicht mehr ganz so gravierend!

Geburtstage kommen wieder. Jedes Jahr. Öfter als manchem lieb ist. So ein Schulabschluss ist dagegen eine einmalige Sache. Der letzte Gottesdienst mit den Mitschülern, die Ansprachen, die Musik, die festlichen Kleider... Okay, an meinen türkisgrünen Zweiteiler will ich eigentlich nicht zurückdenken. Aber an alles andere erinnere ich mich mit einem besonderen Gefühl. Das ganze Brimborium. Die Scherze, die wir den Lehrern spielten, die Geschenke, die wir besorgten. Die Band, die wir für den Abschlussball auswählten. Das Versprechen, uns nicht aus den Augen zu verlieren. Momente, die wir verinnerlicht haben und die bis heute bei den spärlich anberaumten Klassentreffen genüsslich doziert werden.

Was bleibt den Corona-Abschlussjahrgängen? Ein paar freundliche Sätze auf dem Abschlusszeugnis und Fotos, die die Lehrkräfte schießen mussten, weil die Eltern nicht mit in die Schule durften. Statt Ballkleider und Anzüge trugen sie Jeans und Sweatshirts. Zumindest das war aber originell: „Mit Abstand die Besten", hatte sich die Klasse unserer Tochter draufdrucken lassen. Es fühlt sich überhaupt nicht so an, als ob die Schule jetzt für immer vorbei ist, sagte sie, als sie nach der Zeugnisvergabe mittags nach Hause kam. In diesem Moment tat mir mein Kind schrecklich leid. Die Pandemie hatte ihr einen der bedeutendsten Momente ihres Lebens gestohlen.

Doch es geht ja nicht nur uns so. Hochzeiten wurden abgeblasen, Taufen verschoben. „Dann tragen wir das Kind eben nicht mit dem Taufkissen zum Altar, sondern es fährt mit dem Laufrad", witzelte eine frischgebackene Patentante, die noch immer auf ihren wichtigen Einsatz wartet. Väter erlebten die Geburten ihrer Kinder nicht mehr mit, weil im Kreißsaal Kontaktverbote eingeführt wurden. Und, noch schlimmer, Sterbende durften nicht mehr begleitet werden, weil in Pflegeheimen und Krankenhäusern Zutrittsverbote galten. Zumindest diese menschenunwürdigen Vorschriften wurden rasch einkassiert. Denn selbst die härtesten Lockdown-Verfechter begriffen, dass es Momente im Leben gibt, die nicht mehr nachgeholt werden können. Dass eben auch keine Pandemie rechtfertigt, seine nächsten Angehörigen auf ihrem letzten Weg alleine zu lassen.

Am Jahresende traf es auch uns. Auch wir mussten uns von einem geliebten Menschen verabschieden. Wir erlebten diese letzten Stunden im Krankenhaus – auch aufgrund einiger tragischer Fälle in den vergangenen Monaten in unserem Bekanntenkreis – als etwas besonders Kostbares. Ohne Corona wäre uns die Bedeutung dieses Moments vielleicht nie so bewusst geworden. Wenn uns dieses Jahr etwas gelehrt hatte, dann wohl das, dass eben nichts selbstverständlich ist.

So endete ein Jahr ohne Feiern für uns mit einer besonders wichtigen Feier. Das letzte Fest, das wir für unseren Mann, Vater, Opa, Onkel und Schwager ausrichten wollten. Dafür brauchten wir all unser Verhandlungsgeschick. Blumenschmuck? Musste im zweiten Lockdown telefonisch bestellt werden. Die Ergebnisse waren – nennen wir es mal so – durchaus überraschend. Von wunderschön bis wunderlich. Für die musikalische Umrahmung durch ein Bläserensemble, der wichtigste Wunsch, den es dem Verstorbenen zu erfüllen galt, mussten wir sogar die Polizei und das Landratsamt bemühen. Die Gästeliste war handverlesen. Gerade deshalb bereitete es uns besondere Freude, dass so viele Zaungäste die Friedhofsmauern säumten, als wir am Grab standen. Es war das einzige Fest in diesem Jahr, bei dem wir uns von Corona nicht ausbremsen ließen. Wir sprechen noch immer viel und gerne darüber. So wie auch meine Kollegin, die wenige Tage später ebenfalls einen Trauerfall hatte. Dass die ganze Zeremonie anders geplant und umgesetzt werden musste, das sei auch das Besondere gewesen, sagt sie. Das, was man nicht vergisst.

Wir wollen, sobald es die Corona-Regeln wieder erlauben, ein großes Fest feiern. Einen Abschlussball mit Leichentrunk. Eine Party, an

die wir uns für immer erinnern werden. Denn jeder Abschluss
braucht auch einen Abschluss.

*Ein Abend in der Stammkneipe, das ist viel mehr als Bier trinken. So wundert es auch nicht, dass etwa die „Goldene Krone" in Darmstadt seit Ausbruch der Pandemie jeden Freitag eine Sprechstunde mit dem Barkeeper anbietet, wie die „Hessenschau" berichtet. Viele Gäste haben großen Gesprächsbedarf. Auch unser Autor findet, dass es in der Kneipe um viel mehr als nur ums Biertrinken geht.*

# SPERRSTUNDE

*von Martin Rutrecht*

Über Alkohol im Corona-Jahr zu sprechen, ist heikel. Letztlich war es seine enthemmende Wirkung, die uns das Virus-Schlamassel eingebrockt hat. Dabei hatten wir längst bei Udo Jürgens die Vorahnung gehört: „Der Teufel hat den Schnaps gemacht." Wobei Jürgens' Alkohol-Herkunftsthese aus über- bzw. unterirdischer Sphäre ein bisschen nach Quer-Denker klingt, Herr J. als Vorreiter…

Egal. Jedenfalls ging es von Ischgl aus. Angestachelt von der dort grassierenden Enthemmungswelle trunkener, sich umarmender, abbusselnder Après-Skifahrer breitete sich das Virus in einem Rausch ungezügelt aus. Damit war die erste Welle in der europäischen Welt.

Ketzerische Frage: Hätten wir den Alkohol verbieten und so der zügellosen Enthemmung entgehen können, wie sie in der Folge auch bei Faschingssitzungen oder Feiern auftrat? Einen solchen Schritt der Prohibition hätten selbst die bayerischen Könige Strauß und Söder nicht überlebt. Drum besser Kneipen und Wirtshäuser schließen, dann kann sich der trunksüchtige Mensch nicht zum ständig andere liebkosenden Wesen wandeln. Und bleibt auf Abstand. Gut, das bisschen enthemmte Alkoholwirkung daheim lässt sich verschmerzen. Das ist Privatsache, und was keiner sieht, tut nicht weh, zumindest nicht allen.

Dankenswerterweise halten sich alkhoholbedingte Enthemmungen an Uhrzeiten. Daher wurden – im gelockerten Lockdown (was ein Widerspruch!) – die Schotten wahlweise um 20, 21 oder 22 Uhr dichtgemacht. Bestens ist uns erinnerlich, wie wir vor Corona exakt mit diesen Glockenschlägen zu einem torkelnden, grölend übereinander herfallenden Mob wurden. Dabei waren wir in der Minute zuvor noch so kultiviert. Doch genug der bissigen Häme. Politiker hätte man nicht sein wollen in diesen Zeiten. Bezüge oder Masken-Provision einstreichen, das wäre eventuell noch gegangen.

Ebenso hart war es, Kneipen-Stammgast zu sein. Von heute auf morgen war der Lebensquell' versiegt. Nicht falsch verstehen, wir sind nicht bei der Trunksucht. Da hätten wir uns daheim immer einen reinpfeifen können („Home-Drinking"). Vielmehr geht es um das Wesen des Kneipen-Gängers, womit wir bei der Soziologie sind: Er oder sie braucht ein bis mehrere Kumpels um sich. Die Gespräche reichen von Fußball bis philosophischer Weltexegese. Er oder sie kann sich aber auch alleine an Intericur und Gästen nicht genug satt sehen. Herrscht gähnende Leere, genügen ihm wenige Sätze mit dem Barkeeper („Wie is'?" – „Passt scho."). So wird dieser Stammkneipier glückselig, ficht keinen Menschen an und verbindet mit Enthemmung das Befreien des Biers aus der Flaschenumklammerung.

All dies fand – mit Ausnahme eines kurzen Sommers – ein Jahr lang nicht statt. Jetzt ist der Stammkneipen-Mensch nicht zwingend einer, der seine(n) Kumpel nach Hause einlädt. Wo soll man sich anlehnen: an der Küchenzeile, am Türrahmen? Wie bringt man Kneipenmief und Atmosphäre ins traute Heim? Und der Blick in die Runde ist rasch erschöpfend: Ahh, Frau und Kinder. Nun ja, wir wollen diese Fantasien nicht bis zur Qual vertiefen. Es half nur: aushalten, durchstehen. Vor Weihnachten gab's einen Lichtblick mit Glühweinständen (bis 20 Uhr, sonst Enthemmung!). War uns bald auch nicht mehr vergönnt. Meine österreichischen Landsleute hebelten die Verordnung geschickt aus: Punsch mit Schuss war verboten – die Buden verkauften Tee und Schnaps getrennt. Dies als kurzer Abstecher ins deutsche Corona-Vorbildland.

Stammkneipen-Freunde und -Freundinnen rätseln, wann sie wieder an ihrem Lebensmittelpunkt zusammenkommen dürfen. Herr Jürgens hat eine Ahnung: „Siebzig Jahr, graues Haar – so stehst du vor mir." Wir warten. Ungeduldig. Und wissen, die Zeit kommt. Wo auch Politiker die Après-Ski-Partys und Volksfeste wieder ganz toll finden. Saufen und Nachwirkungen vom Kotzen abwärts zählen nach Corona wieder zum Verhalten ganz normaler Leut'. Ein bisschen enthemmt halt.

*Unter dem Titel „Kleine Teile groß im Trend" berichtet tagesschau.de im Januar 2021 über den Puzzle-Boom in Corona-Zeiten. „Meditative Masche: Warum das Stricken jetzt boomt", erklärt die Berliner Zeitung ebenfalls im Januar. Viele Menschen haben während der Pandemie neue Hobbys für sich entdeckt. Andere haben die alten To-Do-Listen noch nicht abgearbeitet.*

# TREND-RESISTENZ

*von Petra Beer-Dausch*

Samstagfrüh zum Einkaufen, nach dem Mittagessen die Kinder zu Freunden chauffieren, diese freie Zeit nutzen für dringende Arbeiten im Garten und eine Runde Walken mit der besten Freundin, abends den Nachwuchs wieder rechtzeitig einsammeln furs Pizzaessen mit der Familie meiner Schwester. Am Sonntag nach dem Gottesdienst zum Brunch bei Tante Angelika, am Nachmittag mit Freunden um den Steinberger See spazieren und Adventure Golf spielen, abends noch schnell auf ein Eis mit Opa und Oma... Ja, so waren Wochenenden vor Corona. Wenn ich mir vorstelle, ich müsste die Sozialkontakte eines solchen Marathons heute dem Contact Tracing Team des Gesundheitsamts erklären... lassen wir das lieber.

In Zeiten von Corona sind unsere sozialen Kontakte und Freizeitmöglichkeiten deutlich eingeschränkt – Zeit also für neue Hobbys? Immer wieder lese ich von Umfragen und Studien, die auflisten, welche interessanten neuen Beschäftigungen die Deutschen während der Lockdowns für sich entdeckt haben – Autokino, virtuelle Museumsbesuche, Makramee oder Minigärten auf der Fensterbank. Die Bilanz für unsere Familie fällt da eher ernüchternd aus.

Gut, der Trend, dass Kinder und Erwachsene in der Pandemie mehr Zeit vor PC, Tablet, Smartphone oder Fernseher verbringen, schlägt (leider) auch bei uns voll durch. Meine kleine Tochter nimmt ihr Tablet sogar mit aufs Klo und schaut sich am liebsten irgendwelche vernunftbefreiten Prank-Videos an. Die Große hat eine argentinische Telenovela im Auftrag von Disney für sich entdeckt, die offenbar so toll ist, dass sie sich jüngst eine Episode in Spanisch mit französischen Untertiteln reingezogen hat. Sie kann keine der beiden Sprachen.

Im Fernsehen ist Home-and-Garden-TV der neue Lieblingssender. Gefühlt muss bald jedes Haus in den USA von Grund auf renoviert sein und jedes Blockhaus einmal den Besitzer gewechselt haben – und wir waren zugeschaltet.

Mein Mann und ich haben zwischendurch mal überlegt, ob wir auch bei dem Trend „Fernsehen on demand" mitmachen sollen. Aber eine Kollegin erzählte mir zu Beginn des zweiten Lockdowns, sie hätte jetzt alle halbwegs interessanten Angebote von Netflix und Amazon Prime schon „leergeschaut" und würde aus lauter Verzweiflung manche Serie zum zweiten Mal beginnen. Langfristig scheint uns das also keine Lösung. Und überhaupt: Dank Homeschooling und Homeoffice hängen wir doch eigentlich eh genug vor dem Bildschirm. Also weg mit den Geräten.

Warum nicht einmal puzzeln? Ein Mega-Trend in Zeiten von Corona. 28 Millionen Puzzles verkaufte Ravensburger im Jahr 2020 weltweit – rund 32 Prozent mehr als im Vorjahr. In Australien gelten Puzzles sogar als „essenziell" – man darf trotz Ausgangssperre das Haus verlassen, um sich eins zu besorgen. Wir haben die Oma einfach mal auf den Dachboden geschickt. Und sie wurde fündig: 500 Teile, eine blühende Wiese vor hohen Bergen. „1 Teil fehlt" stand innen auf dem Deckel, in Wirklichkeit waren es drei, was die Sache nicht gerade besser machte. Die Kinder haben als Erste aufgegeben, schon nach wenigen Minuten. Meine Begeisterung für das Grau der Berge in allen Schattierungen auf kleinen Puzzleteilen, die mit beginnender Altersweitsichtigkeit kaum noch zu unterscheiden waren, hat nach einem Abend stark nachgelassen. Mein Mann hat die Sache dann zu Ende gebracht. Tapfer.

Warum nicht sticken oder stricken? Sogar die Generation Instagram hat diese traditionellen Handarbeitskünste für sich entdeckt – und stickt mit Vorliebe Blütenranken oder Faultiere. Die Suchanfragen nach „Sticken lernen" bei Google sind in Corona-Zeiten um 140 Prozent gestiegen. Hippen Anbietern wie „Wool And The Gang" wurden 2020 ihre Pakete mit Wolle, Nadeln und Strick-Anleitung quasi aus der Hand gerissen. Bei uns hat es zu einem Topflappen für die Oma zu Weihnachten gereicht – eine engagierte Gemeinschaftsarbeit von Mama und kleiner Tochter. Die Begeisterung bei der Beschenkten war eher durchwachsen. Vielleicht hätten wir ein Faultier drauf sticken sollen.

Warum nicht das eigene Heim verschönern? Der Heimwerkermarkt boomt in Corona-Zeiten. In einer Umfrage gaben 25 Prozent an, sie haben ihr Plus an Freizeit dazu genutzt, die eigenen vier Wände zu verschönern bzw. gleich zu renovieren. Rund 40 Prozent der Befragten widmeten sich Do-It-Yourself-Projekten. Der Wille war auch bei uns da. Am letzten Tag vor dem Lockdown im Dezember 2020 haben wir extra noch Farbe aus dem Baumarkt geholt, um den Keller zu weißeln. Der Eimer steht auf jeden Fall schon mal dort unten. Wandfarbe trocknet ja nicht so schnell aus. In der Wohnung haben die Verschönerung unsere Kinder und deren Werken-und-Gestalten-Lehrerinnen übernommen. Auf dem Fensterbrett steht gerade eine selbstgefaltete Osterhasen-Familie, auf dem Tisch eine Vase mit selbstgebastelten Hyazinthen aus Papier, die Wände schmücken ein Regenbogenfisch-Wandbehang, Selbstportraits mit verschiedenen Faschingsmasken oder ein buntes Namens-Kaleidoskop. Da ist jetzt eigentlich gar kein Platz mehr für die Umsetzung einer der vielen tausend Wanddeko-Ideen auf Pinterest.

Warum nicht backen? Unter Hashtags wie #backen , #food und #stayathome werden Tag für Tag unzählige Brote, Kuchen, Torten, Muffins oder Cup-Cakes gepostet. Die ganze Bandbreite – von halbverbranntem Banana-Bread bis hin zu wahren Torten-Kunstwerken. Meine Mädels wären da gleich dabei. Am liebsten jeden Tag mit einem Kuchen mit viel Zuckerguss und Gummibärchen drauf. Oder Käsekuchen in Regenbogenfarben. Die Begeisterung hat stark nachgelassen, als sie zum ersten Mal hinterher selbst die Küche aufräumen mussten. Und essen muss das ganze Zeugs ja auch jemand. Einladungen zum Kaffee sind tabu, und die Enten soll man nicht damit füttern. Wohin also mit dem ganzen Kuchen?

Je länger ich mich mit den angesagten neuen Hobbys in Corona-Zeiten beschäftige, umso mehr muss ich feststellen, dass die meisten Trends einfach an uns vorübergezogen sind: Wir waren nicht im Autokino, wir haben die Mona Lisa im Louvre nicht virtuell besucht, wir turnen nicht regelmäßig vor dem Fernseher, wir malen nicht stundenlang Bilder aus, wir haben nicht unseren halben Hausstand und Kleiderschrank fotografiert und auf Ebay oder Kleiderkreisel eingestellt und wir lernen auch nicht nebenbei Portugiesisch. All die schönen Empfehlungen „Die xx besten Freizeit-Tipps in Corona-Zeiten" haben wir einfach ignoriert – und trotzdem war uns selten langweilig. Im Gegenteil. Es gäbe noch so viel zu tun.

Endlich mal die Küchenschränke rauswischen, Fotobücher für die Kinder seit 2011 zusammenstellen oder die unzähligen Schachteln mit Deko auf dem Dachboden nach Jahreszeiten sortieren.

Egal. Wir freuen uns wieder auf Wochenenden mit Einkaufen, Garteln, Pizzaessen, Brunch und Adventure Golf – mit Freunden und Familie. Aber auch auf Wochenenden ohne all das. Die Mischung macht's für die Zukunft.

*„Ein Stück weit Normalität" – dieser Ausdruck von Sehnsucht häuft sich, je länger die Pandemie andauert. Wie Eltern ihre zunehmend quengeligen Kinder müssen Politiker das zunehmend ungeduldige Volk irgendwie bei Laune und das Virus trotzdem in Schach halten. Allen voran die Frau an der Regierungsspitze. Doch während das Computermagazin chip noch die Frage klärt, „Warum sagen alle Mutti zu Merkel?" (angeblich, weil Michael Glos ihr den Spitznamen anhängte), fragt sich unser Autor, ob Mutti nicht schon längst Oma wurde.*

# ABENDDÄMMERUNG IM KANZLERHEIM

von Mario Kunzendorf

Wer und wann Bundeskanzlerin Angela Merkel zuerst Mutti Merkel genannt hat, weiß ich nicht. Aber eigentlich stimmt's. Denn was ist die Merkelsche „Politik des Machbaren" anderes als das stete Streiten mit störrischen, gar missgelaunten Familienmitgliedern bis hin zum Umsetzen mühsam erzielter Kompromisse? Die Bundeskanzlerin selbst hat im ZDF-Heute-Journal den ihr zugewiesenen Mutter-Titel einst so kommentiert: „Da ich nun mal eine Frau bin, sind männliche Bezeichnungen eher unwahrscheinlich." Ein typischer Merkel-Satz. Sie sagt nicht „unmöglich", sondern „eher unwahrscheinlich". Auf ihre eigenhumorige Art legt Merkel wie gewohnt nichts fest – und das übrigens schon Jahre, bevor die Geschlechter-Debatte die Frage aufwerfen wird, ob sich Seiende überhaupt ordnen lassen oder ihre Bestimmung irgendwo zwischen Null und Eins liegt.

Sich nicht festzulegen, entspricht im Fußball ungefähr der Null-Strategie. Angela Merkel ist oft genug im Italien-Urlaub, um das Prinzip zu kennen: Ein Team baut sich zunächst vor dem eigenen Tor auf und verhindert mindestens einen Rückstand, nebenbei gerne ein ansehnliches Spiel insgesamt. Womit zugleich das Problem der Taktik benannt ist: Sie verwaltet einen Sachstand ohne Zug nach vorne.

111

Kritik daran gibt Merkel wenig Gewicht. Sie sieht die Dinge sachlich und bricht emotional nicht aus. Außer vielleicht mal damals, im Januar 1999, als sie in der Frankfurter Allgemeinen Zeitung ihre Hochzeit mit Joachim Sauer verkündet. In einer Kleinanzeige, mit einer Größe von 8,4 auf 2,4 Zentimetern sogar sichtbar. Aber kann die Null-Strategie ein Virus eindämmen? Fahrig wird es schon, wenn Bundesspitze und Landesregierungen ein Team bilden. Im Ergebnis rufen alle durcheinander in dem Sinne: Gib mir endlich den Ball, ich weiß nämlich noch weniger, wohin damit.

Symptomatisch hier Stürmertalente wie Markus Söder, der ständig in die Medien grätscht, ich vermute, weil er überzeugt ist, etwas Neues zu erfahren, wenn er sich selbst lange genug zuhört. Anfangs der Pandemie reagiert Mutti Merkel streng und nimmt bald den Ball aus dem Spiel. Auszeit, fast alles steht still. Handel. Industrie. Kultur. Mit fürchterlichen Folgen. Doch mit Erfolg gegen Corona. Weshalb das bei Nachfolgewellen nicht funktioniert?

Die Bundesländer bringen jetzt ihre eigenen Bälle mit und lassen Merkel am Spielfeldrand grummeln. Mutti mutiert am Ende zu Omi, die man im Kanzlerheim besucht, der man bis weit nach der Abenddämmerung zunickt: Ist gut, Angela, du amtierst eh nicht mehr lang.

Wissenschaftlich betrachtet finden sich Gründe für das jeweilige Verhalten, ebenso die gemeinsame Ursache eines Scheiterns. Forscherinnen und Entwickler studieren Zusammenhänge, sammeln Erkenntnisse, um dann, naja, noch mal nachzudenken. Analog ist Merkels Politik-Ansatz ebenso akademisch. An die wenigen eruptiven Beschlüsse ihrer Amtszeit erinnert sie sich wohl nicht nur im Guten. Ein Virus hingegen lässt keine Luft, sucht schnellen Kontakt, kein Vorgespräch, kein Vorspiel, Fusion jetzt. Was alles verschlimmert: Als Physikerin beschließt die Bundeskanzlerin auf Basis von Fakten. Die liefern Experten üblicherweise. Nachgerade blöd, wenn deren Wissen nur den Tagesstand widersprüchlicher Interpretationen abbildet. Was soll Merkel da der Familie, Kindern wie Enkeln, ja diesem ganzen geplagten Volk erzählen, wie die Reise weitergeht? Was tun? Die

Klimapolitik als Beispiel nehmen? Dort sind Wege und Ziele ebenso strittig, woraufhin die Politik Tour-Pläne halt in Summe verschiebt. Eine Pandemie indes ist anders. Hier sitzen alle schon längst im Auto, quengelnd und jammernd: „Sind wir endlich da?"

Wenn die Wissenschaft umherirrt und Regierende im Nachgang irrlichtern, kann das für alle Parteien kaum Gewinn bringen. Außer natürlich, man ist Abgeordneter und im Maskenhandel tätig. Der Rest der Bundestagsunion gibt sich selbst die Ehre und steht angeblich provisionsfrei hinter der Kanzlerin – dort entschwindet man praktischerweise auch kritischen Blicken. Die Sozialdemokratie hebt derweil ihre Fachkraft für Phantom-Empathie Olaf Scholz auf den Wahlschild samt seiner mit Hilfsmilliarden geladenen Bazooka. Das stoppt zwar keine Pandemie, macht aber eine farbenfrohe Sauerei aus Formularschnipseln.

Tatsächlich beweist die Kombination aus chaotisch-potenten Hilfsprogrammen und ohnmächtigen Bittstellern, denen es gleichermaßen an Geld wie dem nötigen Universitätsabschluss in Antragsphysik mangelt: Die deutsche Bürokratie mag selbst keine Grenzen kennen, aber sie liebt dieses Geräusch, wenn ihre Untertanen aufheulend dagegen donnern.

Freie Wähler, Grüne, FDP und Linke wissen das selbstredend und beschwören einen Bürokratieabbau. Sie wissen in der Krise vieles weitere besser, in der Regel nachher, dafür unter Vorbehalt. Während die AfD über ihren Skandal-Ton von Beginn an eine Fermate setzt, nicht wegen Corona, sondern wegen der Maßnahmen dagegen. Von der AfD aus in Sichtweite sitzen denn jene, für die der Feind ohnehin nicht im Virus lauert, sondern unter den Reptiloiden, die sich tarnen als Bill Gates, vielleicht auch colorierter, jedenfalls Migranten sind. Komplexe Themen locken stets Vereinfacher. Und wer das Schlimmste erwartet, sieht überall das Böse, glaubt ans Absurde.

Wohl denen, deren Regierende im Kontrast dazu auf wissenschaftlichen Fortschritt setzen und wenigstens versuchen, faktisch dem Virus zu begegnen, selbst wenn das bei Vertretern wie Jens Spahn bisweilen so endet: „Berlin. Bundespressekonferenz. Mein Impfplan platzt. Die Schnelltests fehlen. Der Gestus sitzt." Letztlich ist der Umgang mit einer Pandemie aber auch verflucht schwer. Was als Vorwurf dennoch allen Parteien bleibt, die in Landes- oder Bundesregierungen wirken: Unsere digitale Infrastruktur entwickelt seit Jahren kaum Kraft, geschweige denn viele Mutanten. Milliardenteure Zuschussprogramme können auch eine Art Null-Strategie sein, weil eventuelle Zuschüsse per se nichts tun. Infrastruktur ist eine staatliche Aufgabe, die sich eben nicht in einem Fördertopf für Kommunikationskonzerne einkochen lässt.

Nichtstun ist das Mittel, womit Verwaltungseinheiten alles zum Stillstand bringen können. Und Nichtstun wirkt pandemisch, was manche Menschen beherzigen und sich nicht an Schutzmaßnahmen halten. Nichtstun will in Krisenzeiten also gemieden sein. Doch übrigens: Es gibt selbstverständlich auch hier Ausnahmen. Eine der wenigen historisch belegten liefert uns tatsächlich Omi Merkel noch auf ihre alten Amtstage: Sie schickt Andreas Scheuer als Sucher ins Impfstoff-Dickicht. Also genau den einen, der dem Land am besten dient, wenn er einfach mal nichts tut.

*Mit Nelson Müller im ZDF hat es angefangen. Kaum waren wir im ersten Lockdown, wurde gekocht. Bewährtes, Schnelles, was mit Nudeln (Sie wissen schon, wegen der Vorräte, die wir angelegt hatten), für Großfamilien oder Singles, für Allergiker und Veganer. „Wer selbst kocht, findet das Glück", schreibt im August 2020 die Frankfurter Allgemeine Zeitung.*

# DURCHGEKOCHT

*von Katrin Böhm*

Ich liebe Essen. Ich liebe Kochen. Ich liebe Jamie. Also rein platonisch, versteht sich. Nur so viel: Zwischen meinen Kochbüchern liegt eine Jamie-Oliver-Maske, die mein Mann sich aufsetzen kann, wenn er mit mir sprechen möchte, während ich in der Küche herumwurschtle und versuche, ein ebenso geniales Gericht wie der britische Koch zu zaubern. Oder es mir zumindest wünsche. Wer schon einmal probiert hat, irgendein Rezept aus den „30-Minuten-Menüs" zu kochen, weiß, wovon ich spreche – je nach emotionalem Zustand lacht man sich nach etwa eineinhalb Stunden schlapp oder ertappt sich wild fluchend, weil man gerade bei der Hälfte angelangt ist, die Küche aber schon jetzt aussieht wie sonst nur ein Kinderzimmer, das 30 Tage kein Erwachsener betreten hat.

Mein Mann hatte im Dezember 2019 wohl schon so eine Ahnung, was da im Jahr 2020 auf uns zukommen würde. Zu Weihnachten 2019 legte er mir das damals brandneu erschienene Kochbuch von Jamie Oliver unter den Christbaum. Der hatte fantastischerweise meinen Wunsch erhört und endlich ein Veggie-Kochbuch (Veggies. Einfach Gemüse, einfach lecker) herausgebracht. Von Dezember 2019 bis März 2020 lag das Kochbuch auf dem (großen) Stapel anderer Kochbücher, zwischen New Yorker Weihnachtsrezepten und Tipps für traditionelle indische Küche. Ab und zu habe ich abends mal darin herumgeblättert, überlegt, was ich denn kochen wollen würde, wenn ich die Zeit dazu hätte.

Dann kam der 13. März. Letzter Schultag. Lockdown. Haus verlassen nur noch aus triftigen Gründen. Oh mein Gott. Doch nachdem sich das Chaos der ersten Tage lichtete, begriff ich die Chance: Endlich würde ich das Buch testen können. Wie viel Zeit mir Corona geben würde, war mir nicht annähernd klar. Und so wagte ich mich vom grünen Mac'n'Cheese, Nudelsalat Thai-Style und schlampiger Auberginen-Lasagne im März vor zu Blumenkohl-Tikka-Masala, Gemüsenudeln auf malaysische Art und Hasselback-Gemüse al forno im April. Meine Kinder fanden das: naja. Sie haben sehr oft Butternudeln gegessen.

Mein Mann freute sich. Zumindest wenn es nicht gerade Blumenkohl gab. Im Mai gab es zwar die ersten Lockerungen, ich aber kochte weiter. Erbsen-Spinat-Samosas im Juni, karamellisierte Zwiebeltarte im Juli, geröstete schwarze-Bohnen-Burger im August. Die wenigen Gäste, die man im Sommer sehen durfte, freuten sich auch. Sie feierten beim Grillen die scharfe Koriander-Jalapenos-Salsa, mir war das peinlich – schließlich ist sie die einfachste Salsa der Welt, fertig in 37 Sekunden, sofern man einen Mixer besitzt.

Ich freute mich vermutlich am allermeisten von allen. Für mich ist Kochen keine lästige Angelegenheit, für mich ist Kochen ein fantastisches Vergnügen, zu Lockdown-Zeiten gar eines, in der ich mal Zeit für mich ganz allein hatte – ohne einem Zehnjährigen eine Mathe-Aufgabe erklären oder einem Sechsjährigen ein Lego-Fahrzeug wieder zusammenbauen zu müssen. Schon nachmittags schaute ich auf die Uhr, wann es endlich Zeit sein könnte, Abendessen zu kochen. Schließlich warteten Lauch-Carbonara, gefüllte Curry-Auberginen und Florentiner Ofengemüse darauf, zubereitet zu werden.

Ein Jahr später stehe ich immer noch mit Jamie in der Küche, vor mir das Kochbuch, dessen Seiten mittlerweile von Wasserschäden und Fettunfällen, spritzendem Spinat und geschälten roten Beten zeugen. Ich stelle das iPad an, schalte stilecht den britischen Sender

„Absolute Radio" an oder lasse Netflix laufen – und öffne eine Flasche Wein. Nebenher: Knoblauch hacken, Gemüse schneiden und irgendein Gewürz zerkleinern. Einen Schluck Wein trinken. Anbraten, schmoren, mit Wein ablöschen. Wein trinken. Ofen auf, Ofen zu. Wein trinken. Es riecht: fantastisch. Außer es gibt Blumenkohl.

Die Folgen dieser Corona-Leidenschaft: Erstens: Der Weinkonsum in unserem Haushalt ist drastisch gestiegen, ich habe alles vom fränkischen Silvaner bis zum französischen Bordeaux durch. Zweitens: Ich habe bemerkt, dass ich einfach immer noch keinen Reis asiatisch anbraten kann. Drittens: Ich sollte die Finger von Knödeln aller Art lassen. Der nächste Lockdown könnte zu einem echten Problem werden. 264 Seiten sind durchgekocht. Jamie, ich brauche ein neues Buch!

*Die Pandemie hat uns mit einem besonders knappen Gut geradezu*
*überschüttet: Zeit. Zeit zum Ausmisten zum Beispiel, aber auch Zeit, um*
*etwas Neues zu lernen. „Corona nützt Sprachlern-App Babbel", heißt es im*
*September 2020 in der Frankfurter Allgemeinen Zeitung. „Boom bei*
*Online-Kursen: Warum jetzt so viele Deutsche eine Sprache lernen", titelt*
*die Berliner Zeitung im Februar 2021. Reinklicken kann man ja mal.*

# TRÄUMEN MIT GIOVANNI

*von Dagmar Unrecht*

Heute habe ich wegen Kurzarbeit frei. Die Wäsche ist erledigt, gekocht habe ich auch und im Garten ist noch nichts zu tun. Dank Corona fallen alle anderen Verpflichtungen aus und ich kann die kommenden zwei Stunden machen, was ich will. Nur: Was will ich? Ich könnte zum Beispiel endlich die alten Fotos im Keller sortieren. Sogar Dias schlummern da noch. Seit Jahren hat sie keiner angefasst. Aber draußen scheint die Sonne, da habe ich keine Lust, meine Zeit im Keller zu verbringen.

Vielleicht Klamotten aussortieren? Mein Kleiderschrank ist rappelvoll, trotzdem finde ich oft nichts Passendes. Höchste Zeit, für mehr Ordnung zur sorgen. Aber das fühlt sich im Moment zu sehr nach Arbeit an. Nein, ich möchte etwas anderes machen, nur für mich. Aber was? Sinnierend schaue ich nach draußen und das schöne Wetter lässt mich an meinen letzten Italien-Urlaub denken. Cappuccino auf einer herrlichen Piazza trinken, flanierende Menschen beobachten und die Wärme der Sonne im Gesicht spüren. Das wär's jetzt. Aber es ist noch nicht einmal Frühling, wir befinden uns mitten in der Pandemie und der nächste Urlaub jenseits der Alpen ist Welten entfernt.

Träumen ist trotzdem erlaubt. Bei jeder Reise an den Gardasee nehme ich mir vor, mein rudimentäres Italienisch aufzubessern.

Mein letzter Sprachkurs ist Jahrzehnte her. Doch zu Hause sind die guten Vorsätze sofort wieder vergessen. Nie habe ich die Zeit, den Faden wieder aufzunehmen. Also, warum nicht heute?

Ich schalte meinen Computer ein und suche nach einem passenden Online-Angebot. Gleich habe ich einen Treffer: Italienisch für Anfänger – praktische Übungen gibt es auch. Das passt. Ich öffne die erste Lektion und eine Stimme begrüßt mich mit „Ciao, ich bin Giovanni." Er will mit mir die Zahlen durchgehen, spricht sie vor und ich soll wiederholen. Uno, due, tre … das klappt gut, die kann ich noch.

Giovanni klingt genau so, wie man sich einen typischen Italiener vorstellt: Samtige Stimme, melodischer Tonfall – einer, der dir mit einem sympathischen Lachen und blitzenden Augen das Blaue vom Himmel herunter erzählen kann. So, wie damals der nette Eisverkäufer in Perugia. Da war ich noch Studentin. Er hat mir und meiner Freundin immer eine doppelt so große Menge Schoko- und Zitroneneis auf die Waffel getürmt wie unseren Freunden. Dazu gab es einen Schwall schmeichelnder Worte, die wir zwar nicht so genau verstanden, aber die Botschaft war klar.

Das ist lange her. Zurück zur Lektion. Giovanni will mit mir an der Aussprache feilen. Ich spreche nach: Bologna, Lasagne, Chianti, Ischia, Spaghetti. Je öfter ich wiederhole, umso mehr Appetit bekomme ich. Spaghetti esse ich in Italien ja gern mit Muscheln, die koche ich mir daheim nie selbst. Überhaupt die Nudelgerichte. Davon kann ich nie genug bekommen. Auch in ganz einfachen Lokalen irgendwo im italienischen Hinterland oder auf kleinen Berghütten schmecken Farfalle, Penne oder Cannelloni immer köstlich. Dazu noch ein Schluck Wein, wunderbar!

Ich reiße mich zusammen und konzentriere mich wieder auf den Bildschirm. Jetzt geht es langsam ans Eingemachte. Ich soll die Konjugation von *sein* und *haben* lernen. Ich bin, io sono, du bist, tu sei … und immer so weiter. Das fühlt sich ziemlich nach Büffeln an. Giovanni spricht vor, ich wiederhole. Zuerst darf ich die Konjugationsreihen ablesen, dann fehlen immer mehr Formen, die ich einsetzen muss. Munter geht es zwischen Giovanni und mir hin und her. Sage ich etwas falsch, korrigiert er mich sofort. Giovanni ist auf Zack. Dann sitzen die beiden Hilfsverben endlich. Das wäre geschafft.

Ich wechsle in einen anderen Teil des Programms: Italienisch für Touristen. Kann ja nicht schaden. Giovanni ist auch schon da und fragt: Wie geht es dir? Ich muss antworten: Mir geht es gut. Io sto bene. Weiter geht es mit einigen Klassikern: Wie spät ist es? Wie viel kostet das? Wo geht es hier zum Strand? Die schönsten Strände, die ich bisher in Italien erlebt habe, gibt es auf Sardinien. Türkisblaues, klares Meer und heller Sand – ein Traum.

Damals hatten wir einen kleinen Fiat Panda geliehen, damit fuhren wir kreuz und quer über die Insel. Es gab unzählige kleine Buchten. Man bleibt einfach am Straßenrand stehen – der kleine Panda hatte ja immer Platz – und läuft die paar Meter zum Meer. Rein ins Wasser, herrlich!

Ich seufze. Mein Blick wandert nach draußen. Die Sonne hat sich verzogen, es sieht nach Regen aus. Zwei Stunden sind vergangen. Mein freies Corona-Zeitfenster ist für heute zu Ende. Besonders fleißig war ich zwar nicht, aber Giovanni hat mich mitten im Lockdown zum Träumen gebracht. Ich mache mir jetzt noch einen Cappuccino. Ciao, amico. Bis zum nächsten Mal!

*Weihnachten vor der Tür – und Deutschland muss in den zweiten Lock-*
*down. Die besondere Zeit des Jahres ohne die Familie, ohne Freunde zu*
*verbringen, das nahm schon vielen vor dem Fest die Freude am Feiern.*
*Über die „Pandemie der Einsamkeit" berichtet das ZDF. Unsere Autorin fand*
*einen Weg, den Heiligen Abend dann doch zu etwas*
*Besonderem zu machen.*

# STILLE NACHT IM WALD

*von Katrin Böhm*

D ie Weihnachtszeit ist für mich DIE Zeit des Jahres. Auch wenn
ich mir selbst erst im November den allerersten Lebkuchen des
Jahres gestatte, freue ich mich schon ab Oktober auf die Weihnachtszeit. Auf den Weihnachtsmarkt. Aufs Glühweintrinken mit
Freunden, auf das Bummeln vorbei an den Buden mit den Kindern
auf dem Heimweg von Kindergarten und Schule, selbst auf die meist
schreckliche Weihnachtsmusik, die blechern aus den Lautsprechern
klingt.

Und wie schön ist Jahr für Jahr die Weihnachtsfeier mit unseren
Freunden! Zehn Erwachsene, elf Kinder zwischen zwei und zehn, alle zusammen, gut gelaunt, gemütlich, lustig. Die Erwachsenen sitzen
mit Prosecco und Plätzchen im Wohnzimmer, die Kinder sorgen dafür, dass in den Kinderzimmern nach dem Fest keine Ecke mehr aussieht wie zuvor. Abends gibt es Pizza, Rotwein und Wichtelgeschenke
unterm bereits geschmückten Tannenbaum, ehe alle trunken vor
Glück den Heimweg antreten.

Irgendwie war uns allen heuer schon im Herbst klar, dass daraus
wohl nichts werden würde. Unser scheinbar genialer Beschluss: Wir
feiern einfach per Zoom! Machen doch alle so! Wird sicher lustig!
Gut, es ist eine Frage, wie genau man „lustig" definiert. Wenn man

121

darunter versteht, dass immer irgendein Kleinkind viel zu nah irgendetwas ohnehin Unverständliches ins Mikrofon plärrt, dass immer irgendwo ein Plätzchenteller/eine Kaffeetasse/ein Sektglas zu Boden segelt, weil sich gerade alle um den Bildschirm drängen, um zu sehen, was in Familie XY passiert, dass Kinder „Vier gewinnt" direkt vor dem Mikrofon spielen (klack, klack, klack) oder dass immer irgendwer den unvermeidlichen Satz „Was hast du gerade gesagt? Ich hab dich nicht verstanden" sagt, dann war es lustig. Sehr lustig sogar.

Für mich war es: eine Katastrophe. Das darf nicht noch einmal passieren. Nichts, aber auch gar nichts der Atmosphäre unserer Weihnachtsfeier konnte auch nur annähernd per Zoom übertragen werden. Sorry, Zoom, liegt nicht an dir. Videoplattformen eignen sich hervorragend für Büro-Konferenzen. Sie sind ein zumindest halbwegs tauglicher Ersatz für eine beschränkte Anzahl erwachsener Freunde, sich auf diesem Weg sehen und unterhalten zu können. Und sie passen auch, wenn zwei (!) Zehnjährige auf diesem Weg miteinander kommunizieren. Ganz sicher nicht geeignet sind Video-Plattformen für Feiern mehrerer Familien mit mehreren Kleinkindern.

Daraus haben wir gelernt und beschlossen, den Heiligen Abend mit Oma und Opa nicht per Zoom zu verbringen. Singen und feiern wollten wir mit ihnen trotzdem. Also, Abmarsch in den Wald. Am 24. Dezember, im festlichen Outfit, mit Feinstrumpfhose und Lippenstift. Nur das Schuhwerk angepasst an die örtlichen Gegebenheiten – keine schwarzen Pumps, stattdessen immerhin goldene Boots. Nie zuvor haben mich die Wildschweine im Wald so gesehen. Vermutlich war es ihnen aber auch relativ egal.

Im Wald haben wir uns einen Tannenbaum gesucht – gab genügend Auswahl. Die Kinder sind herumgerast und haben unsere Geschenke für die Tiere des Waldes verteilt – Karottensticks, Apfelschnitze und Birnenhälften. Ich habe die Plätzchendose ausgepackt, Oma ihre Thermoskannen mit Glühwein und Kakao, Becher und Servietten. Wir haben die Kerze in unserer roten Weihnachtslaterne angezündet und standen gemeinsam im Halbdunkel, mitten im Wald, um den Baum herum. Und plötzlich war alles ganz ruhig. Wir haben alle zusammen Stille Nacht gesungen, Oma und Opa, die beiden Kinder, mein Mann und ich – und es hätte keinen besseren Ort dafür geben können.

Drei Tage nach Weihnachten waren wir noch mal bei unserem Baum. Die Karotten, Äpfel und Birnen waren weg. Die feierliche Atmosphäre war noch zu spüren.

*Impfen, was vor ein, zwei Generationen eine Selbstverständlichkeit im Kampf gegen heimtückische Infektionskrankheiten war, ist zu einem Glaubenskrieg geworden. Impfbefürworter und Impfgegner tauschen dabei längst nicht nur gute Argumente aus. Manche Diskussionsbeiträge muten an wie Hassreden. Die Zeit ordnet das Geschehen „zwischen Euphorie und Panik" ein. Die Satireseite „Der Postillon" setzt auf Ironie: „Als häufigste Langzeitfolge der Impfung gilt das Erreichen der Immunität gegen das Coronavirus. Bis zu 95,5% aller Geimpften leiden spätestens nach Verabreichung der zweiten Dosis unter diesem gravierenden Impfschaden. Egal, was sie taten, es gelang ihnen nicht mehr, sich mit Corona zu infizieren oder gar daran zu sterben."*

# IMPFE SICH, WER KANN!

*von Isolde Stöcker-Gietl*

Boostrix, Flucelvax Tetra, Hexavac. Ein Auszug aus den Impfheften unserer Familie. Wofür das alles steht? Das wusste bislang nur unser Hausarzt. Nie wären wir auf die Idee gekommen, statt Vakzin A Vakzin B zu verlangen. Was für einen Sinn macht es, zwischen Rigatoni und Linguine zu wählen, wenn man den Unterschied nicht kennt? Linker oder rechter Arm. Mehr gab es nicht zu entscheiden. Und nun sind, nennen wir sie mal Herr Müller und Frau Meier, der Meinung, dass sie mehr übers Impfen wissen, als mancher Virologe. Kritische Diskussionen, die tatsächlich sinnvoll sind, werden viel zu oft von verquerer Hetze übertönt.

Dabei hat sich vor Corona außerhalb von Fachkreisen kaum jemand damit auseinandergesetzt, wie die Impfungen gegen Masern, Tetanus, Pocken oder Influenza A hergestellt werden, wie sie wirken und wie sie heißen. Xanaflu und Flucelvax Tetra – die Dreifach- und die Vierfachimpfung gegen die Grippe. Na, schon mal gehört? Ein Ja würde mich überraschen! Man ließ sich impfen. Oder eben nicht.

In meinem alten Impfheft ist ja noch nicht einmal vermerkt, welches Präparat geimpft wurde. I, II, III und ein paar Kreuzchen bei den jeweiligen Krankheiten samt Stempel reichten meiner Mutter, um überzeugt zu sein, das Richtige für ihr Kind getan zu haben. Hat es uns nicht interessiert? Hatten wir mehr Vertrauen in Forschung und Medizin? Oder fehlte Impfgegnern schlichtweg ein Medium, um ihre Interessen und Meinungen im Land ausreichend zu verbreiten und so eine Welle der Impfkritischen loszutreten?

Jetzt kennen wir die Hersteller, wir kennen die prozentuale Wirksamkeit, wir wissen um sämtliche Nebenwirkungen. Der BioNTech-Impfstoff hat den Ferrari-Status, AstraZeneca ein Schrottimage – und das, obwohl Anfang des Jahres 2021 ja viel zu wenig von allem vorhanden ist. Eigentlich, so dachte ich mir, müssten die Menschen doch versessen darauf sein, überhaupt ein Impfangebot zu bekommen.

Okay. Selbst meine Mutter musste erst einmal überzeugt werden. Der Impfstoff könnte unfruchtbar machen, berichtete sie aus einer der vielen Expertenrunden, die sie im Fernsehen gesehen hatte. Das hat mich aus dem Mund einer 80-Jährigen überrascht. Eigentlich hatte ich gedacht, dass sie mit dem Kinderwunsch abgeschlossen hatte. Alles sei zu wenig erforscht und sie nun ein mögliches Versuchskaninchen, wehrte sie weiter ab. Im Familienkreis wurde intensiv diskutiert. Vorläufig war sie ja die Einzige von uns, die überhaupt eine Chance auf eine Impfung hatte.

Die immer schärferen Kontaktbeschränkungen im Dezember 2020 beförderten dann doch zügig ein Umdenken. So könne es auch nicht weitergehen, analysierte meine Mutter die ziemlich deprimierende Lage. Dann werde sie sich eben mit anderen Gleichaltrigen in den Dienst der Wissenschaft stellen, verkündete sie, kaum dass die Weihnachtsgans verspeist und Gesundheitsminister Jens Spahn kurz vor Silvester hoffnungsfroh einen Impfmarathon ankündigte. Wir waren erleichtert und meinten, die größte Hürde hätten wir schon genommen – nichtsahnend, wie schwer die Mission Impfung noch werden würde.

Was Bundeskanzlerin Angela Merkel damals, beim Ausbruch der Pandemie, mit der geforderten nationalen Kraftanstrengung gemeint haben könnte, wurde uns auf dem Weg zu einem Impftermin sinnbildlich vor Augen geführt. Sich impfen zu lassen, erschien ähnlich kompliziert zu sein, wie die Queen zum Tee zu treffen. Nein, schwieriger. Der Buckingham Palace hat zumindest eine eigene Website. „Contact us", heißt es dort freundlich. Falls Sie die Adresse brauchen: Buckingham Palace, London SW1A 1AA. Aber wo bitte geht's zum Impftermin? Überall in den Städten und Landkreisen wurde anders organisiert. Die einen vergaben erst einmal gar keine Termine und impften in den Altenheimen. Die anderen richteten Hotlines ein, die dann 30 Sekunden nach dem Start dauerhaft zusammenbrachen. Die verzweifelte Ü-80-Gemeinde rief bei den Zeitungen an, um sich dort zu beschweren. Damit ihnen wenigstens irgendjemand zuhörte und die Anliegen weitertrug. „Impfchaos" hieß es nun in den Schlagzeilen.

Dann kam die zentral organisierte Registrierung im Bayerischen Impfzentrum. Das bedeutete E-Mail-Adressen beschaffen. Für jede Person eine eigene. Das nächste Chaos war vorprogrammiert. Wir fügten den dienstlichen und privaten Mailadressen noch ein paar weitere für die etwas entferntere Verwandtschaft hinzu. TortenfeeHilde38@xxx.com für Großtante Hildegard oder Impfesichwerkann@xxx.com für Onkel Xaver. Wir registrierten und registrierten. Mehr als eine Bestätigung erhielten wir nicht. Aber dafür gab es wenige Tage später wieder frei buchbare Termine im örtlichen Impfzentrum. Durften sich dort die Registrierten nun überhaupt noch melden? Wer blickte da noch durch? Für diesen Bürokratismus werden wir zu Recht im Ausland belächelt!

Wir wagten einen Versuch. Das Zeitfenster, bis die Seite wegen Überlastung zusammenbrechen würde, dürfte sehr klein sein, das war klar. Die Sanduhr lief. Es war nervenaufreibend. Adrenalin pur. Wie wenn man als Höchstbietender im Online-Auktionshaus in der letzten Sekunde noch um die Trophäe gebracht wird. Aber diesmal klappte es: Meine Mutter war eingebucht. Die Freude über den Impf-termin währte allerdings nur kurz. Drei Tage später wurde uns mit-geteilt, dass die Impfstofflieferung nicht eingetroffen war. Der Termin wurde abgesagt. Aber, um es an dieser Stelle abzukürzen: Zwei Wo-chen später klappte dann alles reibungslos. Der Termin ebenso wie die Impfung selbst. Alles unspektakulär und ohne Nebenwirkungen. Und eine große Erleichterung, dass nun zumindest ein besonders ge-fährdetes Familienmitglied vor einem schweren Corona-Verlauf ge-schützt war.

Ich blättere wieder durch das Impfheft. Der letzte Eintrag stammt vom 19. Oktober 2020. Flucelvax Tetra. Die Vierfach-Grippeimpfung. Ob der Impfstempel für das Corona-Vakzin vor der Auffrischung im Herbst 2021 in meinem Heft sein wird? Momentan bin ich da eher skeptisch.

*„Urlaub in Corona-Zeiten: Wo kann die Reise hingehen?", fragt der BR kurz vor Ostern 2021. Quasi die Gretchenfrage für Erholungssuchende seit Beginn der Pandemie. Für die einen steht außer Frage, dass sie im Urlaub verreisen wollen – nur das Wohin geben halt die jeweils aktuellen Reisewarnungen und -beschränkungen vor. Andere haben grundsätzliche Bedenken: „Reisen trotz Corona: Eine Frage der Moral?", schreibt dazu das Magazin Fairaway. Ein neuer Urlaubstrend wird sich offenbar auch 2021 fortsetzen: „Urlaub in Deutschland: Der Juli ist ausgebucht", weiß Zeit online schon im September 2020.*

# (TRAUM–) REISEN

*von Petra Beer-Dausch*

New York, Rio, Tokio – wenn ich als Teenager beim Mittagessen von meinen Reiseplänen für die Zukunft schwärmte, hatte meine Oma immer dieselbe Antwort. „Da kannst du schon hinfahren – mit dem Finger auf der Landkarte!" Das ist jetzt fast 30 Jahre her. Im vergangenen Jahr ist mir der Spruch meiner Oma bei unseren Urlaubs-Überlegungen immer wieder in den Sinn gekommen. Lockdowns, Reisewarnungen und Beherbergungsverbote haben das Reisen verändert. 2020 war nur gut jeder dritte Deutsche im Urlaub unterwegs, die Hälfte davon im eigenen Land, wie die Tourismus-Analyse 2021 der Stiftung für Zukunftsfragen ergeben hat. Ein solcher Wert war zuletzt in den 1970er Jahren erreicht worden. Um es vorweg zu nehmen: Auch wir haben unseren einzigen Urlaub 2020 in Deutschland verbracht.

In welche Länder kann ich überhaupt reisen? Welche Regeln gelten dort? Welche Regeln gelten nach meiner Rückkehr? Urlaub in Corona-Zeiten ist mit vielen Unwägbarkeiten verbunden und erfordert Flexibilität und gute Nerven. Eine Kollegin etwa erzählte mir, sie sei mit ihrer Familie in den Herbstferien fünf Tage auf Rügen gewesen. Zuerst wurde die Reise allerdings vom Ferienhaus-Anbieter wegen der Pandemie-Vorgaben gecancelt. Just als die Familie am Freitagnachmittag nach dem Wocheneinkauf für die „Ferien daheim" den Kühlschrank vollpackte, rief der Vermieter aus Rügen an: Sie dürfen doch kommen. Also schnell gepackt und am Samstagfrüh um 5 Uhr gen Norden gestartet. Allerdings gab es am Freitagabend noch mal neue Vorgaben der Politik, von denen meine Kollegin erst kurz vor Berlin durch einen erneuten Anruf des Vermieters erfuhr: Sie könnten nicht wie geplant eine Woche bleiben, sondern nur bis Donnerstag. Egal. Die fünf Tage waren trotzdem schön – und sehr sicher: Alles hatte zu, es waren fast keine Gäste da. Aber die Sonne lachte.

Auf Urlaub in einsamen Gegenden in Schweden hatte sich eine Freundin mit ihrer Familie im August gefreut. Nach langem Hin und Her schien das Ende Juli auch tatsächlich möglich. Dann fiel ihrem Arbeitgeber ein, dass er nach der Rückkehr auf jeden Fall eine 14-tägige Quarantäne fordert. Zieht man die sowie die Zeit für An- und Abreise mit dem Auto von drei Wochen Urlaub ab, dann bleiben noch so circa fünf Tage in Schweden übrig. Auch in diesem Fall wurde es am Ende Urlaub in Deutschland.

Unsere Politiker, allen voran Bayerns Ministerpräsident Markus Söder, haben ja auch immer fleißig Werbung gemacht für Urlaub in Deutschland. Mit (zu großem) Erfolg. Von Nord- und Ostsee-Stränden gab es Fotos von Urlaubermassen, wie man sie sonst vom Ballermann kennt. Aus Gemeinden an oberbayerischen Seen riefen Bürgermeister um Hilfe, weil ihre Orte – vor allem von Tagestouristen – förmlich überrannt und überrollt wurden. Auf manchem Berggipfel kam man sich vor wie in der Tokioter U-Bahn.

Wäre also eine Auslandsreise doch die bessere Alternative gewesen? Dort erwartete Urlauber im Sommer 2020 allerdings so manch kuriose Corona-Regel, wie HolidayCheck herausgefunden hatte. In der Schweiz etwa galt für Schwimmbad, Sauna und Spa die Abstandsregel „eine Person pro vier Quadratmeter Fläche", also Meterstab nicht vergessen. Statt Bikini-Streifen haben Urlauber aus Spanien einen weißen Streifen um Mund und Nase mitgebracht, denn in einigen Regionen galt auch im Freien Masken-Pflicht – von wegen nahtlose Bräune. In Frankreich waren bis zu 750 Euro Bußgeld fällig, wenn man seine Maske einfach in der Natur entsorgte. Reisende nach Griechenland mussten 48 Stunden vor Abreise ein Formular ausfüllen, erhielten dann einen QR-Code, den sie bei Einreise vorzeigen mussten. Ein Algorithmus errechnete, ob sie nach ihrer Ankunft in Griechenland einen Corona-Test machen mussten oder nicht. In vielen Ländern im asiatischen Raum sollte es erst einmal zwei Wochen im Hotel in Quarantäne gehen, bevor der Aufenthalt beginnen konnte. Wer tatsächlich so viel Zeit und Geld hat, den dürfte spätestens die Kilo-Beschränkung beim Gepäck ausgebremst haben. Lesestoff für zwei Wochen ist echt schwer.

Aber Fernreisen waren in Zeiten von Corona eh für die meisten Deutschen unvorstellbar. Urlaubstrips in die USA, nach Kanada, Ägypten und Tunesien gingen um jeweils 80 Prozent zurück. Beliebtestes Ziel der Deutschen in Europa war – erstmals seit 50 Jahren wieder – Österreich, gefolgt von Italien. Ersteres hatten wir – neben Südtirol – für unseren Skiurlaub in den Faschingsferien in Betracht gezogen. Wir sind dann lieber doch zu Hause geblieben. Schon damals hat uns dieses neuartige Corona-Virus verunsichert.

In Italien waren wir – also nicht wirklich, aber so ähnlich, wie meine Oma es einst empfohlen hatte. Sogar nicht nur mit dem Finger auf der Landkarte, sondern auch mithilfe der Fotos vom Dachboden. Denn in einem Leben vor Kindern, Corona und Greta Thunberg haben wir uns einiges angeschaut von der Welt. Unsere große Tochter interessierte sich plötzlich für Rom, also zeigten wir ihr im Album den Petersdom, die Vatikanischen Museen, die Spanische Treppe oder das Kolosseum. Ein anderes Mal ging es in einer Fernseh-Sendung um die Seychellen. „Da könnten wir auch mal hin", meinten die Mädels. Das nächste Album wurde ausgegraben. Der Nachwuchs staunte, wir schwelgten in schönen Erinnerungen.

131

In den Sommerferien wurde in der Familie dann doch der Wunsch nach einer echten Reise laut. Aber wohin? Innerhalb Deutschlands und mit dem Auto – das war schnell klar. Nord- oder Ostsee? Zu voll und (einigen in der Familie) zu wetterunbeständig. Hamburg? Zu anstrengend. Mecklenburger Seenplatte? Vielleicht zu viele Mücken – die Internet-Recherche brachte da unterschiedliche Ergebnisse. Schließlich wurde es Füssen, ein kleines Hotel in der Stadt, Wanderungen, Neuschwanstein ohne Amerikaner und Asiaten, ein Alphörner-Konzert im Schlosshof, ein bisschen Shopping, abends Essen gehen in der Fußgängerzone: fünf nahezu unbeschwerte Tage – trotz AHA.

Und wie schaut es für 2021 aus? 51 Prozent der Befragten haben bei der Tourismus-Analyse angegeben, sie hätten das Reisen im vergangenen Jahr gar nicht vermisst. Das will ich für uns so nicht unterschreiben. Meine große Tochter träumt immer noch von Rom. Die Kleine hat von ihrer Nichte den Floh eines Thermenurlaubs in Bad Schallerbach in Österreich ins Ohr gesetzt bekommen. Sie hat schon jedes Foto und jedes Video unzählige Male angeschaut, das jemals von Therme, Thermenhotel oder auch nur einer Grünanlage dort im Internet hochgeladen wurde. Und sie kann schon vor dem Frühstück so oft Bad Schallerbach sagen, dass mir gefühlt die Ohren bluten. „Ich darf mich doch wohl darauf freuen", fährt sie uns zornig an, wenn wir genervt die Augen verdrehen. Wir alle hoffen, dass im Sommer 2021 vielleicht mehr geht als im vergangenen Jahr. Wenn nicht, warten noch einige Fotoalben auf dem Dachboden. Tokio ist dabei, New York und Rio heben wir uns für nach der Pandemie auf.

*Keine Partys, kaum Freunde treffen, wenig Freizeitaktivitäten – auch Teenager leiden an den Einschränkungen, die die Pandemie uns allen abverlangt. „Was der Corona-Verzicht mit Jugendlichen macht", will die Rhein-Neckar-Zeitung in Heidelberg Ende März 2021 wissen. Die erzwungene Untätigkeit ist eine Last, kann aber auch zu überraschenden Wendungen führen. „Jugendliche lesen mehr", stellen zum Beispiel die Stuttgarter Nachrichten Anfang März 2021 fest. Na, das sind doch gute Nachrichten. Und da geht noch mehr!*

# WEIL IMMER WAS GEHT

*von Dagmar Unrecht*

Mit Wischlappen und Eimer bewaffnet steht mein 16-jähriger Sohn in seinem Zimmer. Auch den Staubsauger hat er angeschleppt. Ich traue meinen Augen kaum. Stünde er in einem Meerjungfrauenkostüm vor mir, ich könnte nicht überraschter sein. Niemand hat meinen Jüngsten dazu aufgefordert, sein Zimmer einer Grundreinigung zu unterziehen, und im Normalfall ignoriert er Appelle in diese Richtung stoisch. Schnell unterdrücke ich einen Kommentar. Die Gefahr, mit einer süffisanten Bemerkung den guten Vorsatz zu pulverisieren, ist groß. Ich bin ja heilfroh. Fingerdick liegt der Staub im Regal, am Boden herrscht Chaos, vom Mief ganz zu schweigen. „Ich mach' jetzt sauber", verkündet Sohnemann entschlossen. „Sonst hab' ich ja nichts zu tun."

Währenddessen steht sein großer Bruder auf der Straße und spielt mit einem Freund Badminton. Wären die beiden acht und nicht achtzehn Jahre alt, würde ich mich darüber nicht wundern. Der Wind weht so kräftig, dass kein Ball die Bahn hält. Leichter Nieselregen kommt auch noch dazu. Doch das macht den beiden nichts aus, die jungen Männer albern herum und haben sichtlich Spaß.

Serien in Endlosschleife, die XXL-Version von „Herr der Ringe" und nächtelange Computersessions – auch Teenager müssen die vielen Stunden im Lockdown irgendwie herumkriegen. Mit Schlafen geht in unserer Familie zwar schon eine Menge Zeit drauf. Schließlich können meine Kinder problemlos bis Mittag im Bett liegen, um dann sonntags bei Oma direkt mit Schweinebraten in den Tag zu starten. Aber auch als exzessive Spätaufsteher haben sie in der Pandemie genügend Zeit, die gefüllt werden muss. Freunde können sie nur einzeln treffen, Zusammenkünfte im größeren Kreis gibt es lediglich virtuell. Partystimmung kommt da nicht auf. Also: Was tun, wenn absolut nichts los ist?

Abwarten und Tee trinken zum Beispiel. Bei uns läuft seit dem zweiten Lockdown jedenfalls der Wasserkocher heiß. Vormittags Grüner Mandeltraum, nachmittags Früchtezauber, abends noch ein Kännchen Bio Sunrise. Spätestens nach einer Woche brauchen wir Nachschub. Der Teeladen hat zum Glück offen, das Angebot ist ebenso unerschöpflich wie köstlich. Mit Happy Morning geht es weiter, Zimtpflaume wechselt sich mit Blutorange ab. Kanne um Kanne schütten wir in uns hinein. Auf der Toilette herrscht Dauerbetrieb. (Nein, kein Wort an dieser Stelle zum Thema Klopapier!) Könnte man das Coronavirus ausspülen, wir wären längst immun.

Zwischen all den Teestunden leiht sich mein Großer, frisch gebackener Führerscheinbesitzer, gerne mal das Auto. Klima hin oder her. Weil gerade nur ein Mitfahrer erlaubt ist, cruisen er und seine Freunde in Kolonne, vier oder auch fünf Autos hintereinander. Fridays for Future, war da was? So portioniert düst die Clique pandemiekonform zum Fastfood-Drive-in. Allerdings nicht zum nächstgelegenen. Für eine Portion Hühnchennuggets kann man schon mal dreißig Kilometer in Kauf nehmen – einfache Strecke, wohlgemerkt. Auch größere Ausflugstouren werden in dieser Konstellation unternommen. Die Begründung dazu: Man müsse sich ja über mögliche Uni-Städte informieren.

Ist das Auto nicht verfügbar – auch wir müssen zwischendurch mal einkaufen –, plant mein Ältester neuerdings sein Zimmer um. „Aber das lohnt sich doch nicht mehr", werfe ich ein. Bald sind Abiturprüfungen und danach soll es zum Studium in eine andere Stadt gehen. Also, warum jetzt noch einen neuen Schrank kaufen? Widerwillig lenkt Filius ein, nur um kurze Zeit später zu verkünden, er müsse jetzt in den Baumarkt: neue Wandfarbe kaufen. „Das ist schon länger überfällig", findet er. Da ist was dran. Allerdings hat sich sein Gestaltungswille bisher darin erschöpft, Laufwege in seinem Zimmer freizuhalten. An Deko oder ausgefeiltem Innenraumdesign hat er überhaupt kein Interesse – bis jetzt. Auch ein Bilderrahmen muss nun her, um endlich das Trikot des Lieblingsvereins in Szene zu setzen. Ein Projekt, das sich schon seit drei Jahren in der Warteschleife befindet.

Mein Jüngster ist nach seiner Putzaktion ziemlich geschafft. War ja auch einiges zu tun. Sein Zimmer sieht jetzt top aus, der ungewohnte Duft von Schmierseife liegt in der Luft. Nur in der Mitte des Raums türmt sich ein Stapel. „Ich habe ausgemistet", sagt er zufrieden. Spiele, Kuscheltiere, Bücher, ausrangierte Klamotten – alles soll in den Keller. Nur die Kinder-CDs finden noch einmal Gnade: „Ich höre mir jetzt mal wieder Wickie an", verkündet er grinsend und lässt sich aufs Bett fallen.

Sein großer Bruder schmiedet schon neue Pläne. Im Baumarkt ist inzwischen alles erledigt, auch die Wände sind neu gestrichen. Jetzt steht Blutspenden auf dem Programm. Beim Frühstück hat er in der Zeitung einen Aufruf dazu gelesen. Gerade volljährig geworden, kommt er als Spender infrage: „Mal schauen, wie das ist." Sein bester Freund begleitet ihn spontan, auch er hat nichts Besseres vor. Als die beiden wieder da sind, verkünden sie stolz ihre Blutgruppen, die sie bis dahin gar nicht kannten. In ein paar Wochen wollen die zwei dann zur Thrombozyten-Spende: „Kann man doch mal ausprobieren."

Mir wird das Ganze langsam unheimlich. Fehlt nur noch, dass unser Nachwuchs demnächst mit Unkrautjäten beginnt. Gartenarbeit finden beide ungefähr so spannend wie Abspülen. Aber stattdessen sitzen die Jungs plötzlich mit Stift in der Hand da und wollen mit mir „Stadt-Land-Fluss" spielen. Das haben wir seit einer Ewigkeit nicht mehr gemacht. Früher war das meine Königsdisziplin, jetzt bin ich ziemlich aus der Übung. Die Kinder haben aufgeholt, ich muss mich ranhalten. Meinem Mann geht es beim Schach nicht besser. Zackzack liegt sein König flach. „Solche Spiele machen wir manchmal online", klärt mich mein Großer auf. Dabei dachte ich, auf den Bildschirmen der Gaming-Generation würden nur Kämpfe ausgefochten und Youtube-Videos konsumiert. Ich beschließe, mich nicht mehr zu wundern. Bleibt die Frage: Was kommt als Nächstes?

*Die regionalen Fußballvereine leiden. Während bei den Bundesligaclubs der Ball auch im Lockdown rollt, müssen die Amateure darben. Aber es sind ja nicht nur die leeren Plätze, die so schmerzen. Den Vereinen ist auch eine tragende Säule der Vereinskasse weggebrochen. Ohne Spiel kein Bier. Der Spiegel berichtet, dass der Kreisligist TC Freisenbruch deshalb inzwischen virtuelle Eintrittskarten verkauft. Mit erstaunlichem Erfolg. Und selbstredend gibt es auch Bier und Bratwürste.*

# DAS WORT ZUM BIER

*von Heinz Gläser*

Gebetsmühlenartig. Ja, das trifft's. In einer Tour dasselbe zu fragen, ziemt sich im Journalismus eigentlich nicht, ist jedoch im Sport gang und gäbe. Ebenso erwartbar sind dann Antworten wie „Wir schauen nur von Spiel zu Spiel" oder „Wir unterschätzen keinen Gegner". Business as usual halt, bevor uns die Pandemie aus den gewohnten und liebgewonnenen Routinen riss. Plötzlich ging es nicht mehr um Viererketten, falsche Neuner und ähnliche taktische Geniestreiche im Fußball, sondern ums nackte Überleben.

Der Spitzen- und Breitensport ächzt unter rigiden Einschränkungen, weshalb sich die Existenzfrage stellt – genauer: Ich stelle sie in jedem Telefonat. Wie lange halten Sie, Herr/Frau Vereinsvertreter/in, Herr/Frau Athlet/in, das finanziell durch? Gleich nach der artigen Begrüßung platze ich mit dieser Gretchenfrage ins Haus. Es folgt ein vielstimmiges Lamento. Vergleichsweise relativ gelassen sind die hochrangigen Vertreter aus der Beletage des Profifußballs, denn die Milliarden der Fernsehanstalten polstern ihr Dasein. Der zahlende Kunde und die Einnahmen an der Stadionkasse sind da eh nur Zubrot.

Klagelaute vernehme ich hingegen regelmäßig aus den Niederungen des Amateursports. Die Mitglieder rennen in Scharen weg, weil sie für ihren Beitrag kein adäquates Angebot mehr abrufen können. Die Basis erodiert mithin, die Kinder und Jugendlichen degenerieren zu internetsüchtigen Couch-Potatoes, während ihre Erziehungsberechtigten im Lockdown in der Bewegungslosigkeit verharren und sich eine Wampe anfressen. Die ehemals prall gefüllte Vereinskasse laboriert derweil an fortschreitender Schwindsucht.

Soweit, so erwartbar. Verblüffend ist indes im Laufe der Recherche, wie sehr der regionale Sport auf einem flüssigen Fundament fußt. In Nebensätzen äußern sich die Vertreter der Amateurklubs fast unisono schwer besorgt, ja bestürzt über den Einbruch beim Bierverkauf, sei es in der Vereinsgaststätte oder am Spielfeldrand. Aus dieser vermeintlich ewig sprudelnden Geldquelle sollten wahlweise die Kosten für die Rasenpflege, für ein neues Fitnessgerät oder für einen Anbau des Vereinsheims bestritten werden, höre ich heraus. Da mag Bayerns Staatsregierung eilends eine Verdoppelung der jährlichen Vereinspauschale beschließen, um die wirtschaftliche Not des Amateursports zu lindern. Solange das Bier nicht in Hektolitern fließt, ist das nur ein Tropfen auf den heißen Stein.

Der fleißige Biertrinker mag mittlerweile übel beleumundet sein, ist jedoch eine tragende Säule des Vereinswesens, der Konsument einheimischen Gerstensafts zählt zur Riege der hochverdienten Ehrenamtlichen, ohne deren genussorientierten Einsatz der Amateursport stante pede kollabieren würde.

Ich hätte es eigentlich wissen können, ja müssen. War ich doch in jungen Jahren als minderbegabter Innenverteidiger einer Jugendmannschaft im Landkreis Schwandorf jeden zweiten Sonntag bei den Spielen der „Großen" mit dem Leiterwagen an der Seitenlinie unterwegs und verkaufte kistenweise das Gebräu eines lokalen Herstellers, das aus nie erforschten Gründen jedem Abnehmer selbst bei zaghaftem Konsum tags darauf höllische Kopfschmerzen bescherte. Ich füllte also die Zuschauer ab und damit die Vereinskasse auf. Heute noch erinnere ich mich lebhaft daran, wie bei jeder Umrundung des Platzes der Beutel mit den Markstücken, denn so viel kostete eine Halbe, schwerer und praller wurde. Das Angebot hielt mit der Nachfrage kaum Schritt. Und ich entsinne mich, wie der gewaltige Umsatz dem Vereinskassier ein zufriedenes Lächeln ins Gesicht zauberte. Weiß der Teufel, was er mit dem Geld anstellte. Wahrscheinlich floss es in die Rasenpflege oder in die Anschaffung eines neuen Fitnessgeräts. Der Anbau des Vereinsheims stand schon.

*Was früher die Zettelbotschaften waren, die im Unterricht kursierten, das sind heute die Klassenchats. Von früh bis spät klingelt es. Dann kündigen sich manchmal wichtige Nachrichten, aber sehr viel öfter Gaga-Botschaften an. „Im Extremfall kann ein Klassenchat dazu führen, dass der Unterricht stark beeinträchtigt wird", stellt das Portal Digitale Helden fest. Kein Wunder, wenn jede Stunde mit 30 aufgeregten Mitteilungen beginnt: „Frau R., ich komme nicht mehr rein."*

# HAT JEMAND DEN LINK?

*von Katrin Böhm*

Pöpöpöpöpö. Üppig, üppig, üppig. Ozon. Superman drisch. Looooooooost. Es ist Sonntagmorgen, 6.52 Uhr, im Sekundentakt trudeln wichtige Nachrichten ein. Alda. Digga. LOL. Öse cold. Ich könnte mich in den Allerwertesten beißen, weil ich vergessen habe, die Mitteilungsfunktion der schul.cloud zu deaktivieren und jetzt wach im Bett liege, obwohl ich die Gelegenheit gehabt hätte, bis mindestens halb neun zu schlafen. Die Kinder der 4c jedenfalls sind schon auf – und erstaunlich viele von ihnen haben um diese Uhrzeit Zugang zu einem Handy. Aber klar, es gibt lebenswichtige Neuigkeiten auszutauschen. „Lübeck hat sich schon wieder auf den Kopf gesetzt, um wie eine Taube auszusehen." – „Haaaaaaaaalooooooooooo??????!!!!!"

In meinem Umfeld gilt das ungeschriebene Gesetz, dass Kinder in der Grundschule noch kein eigenes Smartphone besitzen, den meisten Eltern erscheint die fünfte Klasse als geeigneter Zeitpunkt, das Kind mit einem Handy auszustatten. Leider hat das zur Folge, dass ich etwa 387 neue Nachrichten auf meinem Smartphone habe, wenn ich mal eine Stunde nicht drauf schaue. Den Überblick über all die Nachrichten zu behalten und die wichtigen (die von der Lehrerin) von den unwichtigen (dem Rest) zu trennen, ist quasi unmöglich geworden. Je fortschreitender der Lockdown, desto ausufernder die Nachrichtenflut.

Auch an Schultagen. Es ist eine wahre Freude, all die „Guten Morgen" zu lesen, die sich 21 Schulkinder ab 7 Uhr schicken – obwohl die Lehrerin die Maßgabe ausgegeben hat, dass die Kinder sich erst um 8 Uhr melden sollen. Das weiß aber keiner mehr – oder es interessiert keinen. Gerne wird doppelt und dreifach begrüßt – wenn sich die beste Freundin oder der beste Kumpel gemeldet haben. Dann ist es extrem wichtig, dass auch die namentlich noch mal willkommen geheißen werden. Und selbstverständlich mit passendem Emoji. Da wenigstens sind sie allesamt sehr brav – lachende Smileys, vierblättrige Kleeblätter, Sonnenschein. Immerhin. Da kann man doch über die 57 Begrüßungsnachrichten an jedem einzelnen Tag easy hinwegsehen.

Besonders schön ist es, wenn eine Videokonferenz ansteht, das passiert bei uns in Homeschooling-Phasen zweimal pro Woche. Obwohl die Lehrerin jedes einzelne Mal schreibt, dass sie den Link dafür erst kurz zuvor versendet, kann man sich sicher sein, dass spätestens eine Stunde vor der Konferenz irgendwer fragt: „Hallo Frau R., wann schicken Sie uns den Link???" Hat erst mal einer den Anfang gemacht, folgen die anderen: „Hallo, wann schicken Sie uns den Link". – „Hat jemand den Link?". - Bis irgendwer dann etwas in der Art antwortet: „Sie hat doch gesagt, es kann etwas später werden".

Ist die Konferenz erst einmal gestartet, dauert es etwa eineinhalb Minuten, bis Folgendes passiert: „Ich komm nicht mehr rein."

„Ich werde die ganze Zeit rausgeschmissen."

„Ich auch. Und kann nicht mehr reingehen."

„Können wir in Zukunft keine Videokonferenzen mehr machen? Es ist zwar schön, wenn man sich mal wieder sieth, aber es nervt auch, wenn man immer nicht reinkommt!!!!!!"

„Ich komme nicht rein und wenn ich drin bin, höre ich nichts."

„Ich bin raus."

„Ich gehe jetzt nicht nomal rein!"

„Jetzt höre ich euch wieder."

„Mach aus und wieder an."

„Frau R., ich komme nicht mehr rein."

„Ich höre wieder nichts."

Erschwerend hinzu kommt, dass mein Sohn nach einem Jahr Pandemie nicht nur dem offiziellen Schulklassen-Chat angehört, sondern mittlerweile elf weiteren privaten Chat-Gruppen, die die Schüler irgendwann selbst eröffnet haben. Selbstverständlich gehören all den elf Gruppen nicht vollkommen unterschiedliche Kinder an, sondern fast immer dieselben. Die halten es jedoch für dringend notwendig, sich in allen Gruppen gleichzeitig zu schreiben.

Irgendwann haben wir Eltern uns zusammengetan und den Kindern verboten, sich ständig Schwachsinn hin- und herzuschicken. Hat ein paar Tage funktioniert. Dann kam: „Feuerwehrmann rückgängig gemacht." Für alle anderen der Startschuss, wieder loszulegen. „Dmhgsjmfgfgfjmh f yngvxgfchnfsghmdrtchg" – „Der Delfinde ist ein Agshase" - „Schublade Gustav nach aktuer kühles Guard Live akuter in schiah." – „Rad. Testweise. Üppig ist ein guter Mensch mit der Welt und der Welt ist t." – „Äquivalent. Äquivalent. Äquivalent. Äquivalent. Äquivalent. Jejunum."

Mittlerweile glüht mein Handy Tag für Tag um 10.58 Uhr und der morgens um halb sieben frisch geladene Akku hat noch 42 Prozent. Ich bin müde, so müde. Ich fürchte, wir Eltern haben aufgegeben. Inoffiziell kapituliert vor der Tatsache, dass da irgendwas aus dem Ruder gelaufen ist. Wird mein Sohn jemals alt genug für ein eigenes Smartphone sein? Wird es irgendein Kind aus seiner Klasse sein? Ich habe Zweifel. Aber ich weiß: Aus Verzweiflung werde ich ihm vermutlich nächste Woche eines kaufen. Damit mein Handy wieder mir gehört.

*„Weihnachtsfeier auf Zoom: Wie Firmen es virtuell krachen lassen", schreibt das Redaktionsnetzwerk Deutschland im Dezember 2020. „Tupperware & Co.: Digitalisierung kann Direktvertriebe vor Verlusten retten", weiß das Handelsblatt im Januar 2021. Kontakt- und Ausgangsbeschränkungen haben zu einer Vielzahl neuer virtueller Angebote geführt, die sich vor Corona wohl kaum jemand vorstellen konnte oder wollte. rbb24 bringt es schon im März 2020 auf folgenden kurzen Nenner: „Online geht die Party weiter".*

# SCHÖNE NEUE (VIRTUELLE) WELT

*von Petra Beer-Dausch*

Gardemädchen tanzen auf meinem PC in vielen kleinen Bildern eine Choreografie in Dirndl- und Trachtenoutfits, zwei Moderatoren prosten sich mit Weltenburger fleißig aus 20 Kilometern Entfernung zu und am Schluss gibt es sogar noch eine Weltpremiere – den neuen Hit der Wolfsegger übers Brennholzmachen samt Video. Während ich diesen Text schreibe, läuft im Hintergrund „Rock den Bock – Bayerns geilstes Rockbierfest" als Livestream. Corona macht es möglich, dank Livestreams, Zoom-Meetings und einer Fülle an virtuellen Angeboten kommt die weite Welt ins Wohnzimmer. Sogar der größte Couch-Potato hat jetzt die Chance, zum (virtuellen) Partyhengst zu werden. Und muss dafür noch nicht einmal die Jogginghose ausziehen. Also zappen wir uns doch einmal ein bisschen durch die schöne neue Welt.

Vom Bockbierfest geht es direkt weiter ins Deutsche Museum. Dieses hat – wie viele andere berühmte Museen – sein virtuelles Angebot 2020 deutlich ausgebaut. Mehr als 20.000 Objekte auf 40.000 Quadratmetern Ausstellungsfläche – das alles kann ich jetzt online erkunden. Aber vor dem Rechner habe ich das gleiche Problem wie bei meinen bisherigen Besuchen in München auch: Wohin will ich eigentlich? In die Abteilung Raumfahrt, zur Schifffahrt, zur Historischen Luftfahrt, zu Informatik, Astronomie oder doch lieber ins Bergwerk? Ich habe das Gefühl, ich verlaufe mich gerade virtuell – da springe ich lieber erst mal ganz woanders hin.

Ein junger Mann mit beiger Hose, blauem Sakko und rosa Einstecktuch erklärt mir etwas über Winzersekte mit traditioneller Flaschengärung. Immer wieder hält er das Glas mit dem prickelnden Getränk in die Kamera, schwärmt von der wunderbaren Farbe, erklärt die verwendeten Trauben und versucht den Geschmack zu beschreiben. Blöd nur, dass ich mir das Probierset vorher nicht bestellt habe. Also setze ich auf Altbewährtes, hole mir den Rosé vom letzten Südtirol-Urlaub aus dem Keller und proste dem Herrn mit dem passenden Einstecktuch zu.

Nach einer halben Flasche Wein bin ich in der richtigen Stimmung für Party. Es findet sich am Wochenende abends fast immer ein passender Livestream, um im Wohnzimmer so richtig abzugehen. Ein bisschen Vorglühen kann bei den meisten Angeboten nicht schaden. Eine Freundin hat mir auf jeden Fall dringend dazu geraten, nachdem sie im Fasching aus Versehen völlig nüchtern und ohne Kostüm in den „Da gemma ned hi"-Ball einer Faschingsgesellschaft gestolpert war. Dort schaute sie ihrem Facebook-Freund Erwin – ausnahmsweise ohne Heckflossen – dabei zu, wie er aus dem heimischen Wohnzimmer in einem knallbunten 70er-Jahre-Outfit am Keyboard mit „Schmidtchen Schleicher" für Stimmung sorgte.

Mein Handy meldet sich. Teil 5 der Whats-App-Tupperparty, zu der mich eine Bekannte überredet hat. Eine hochmotivierte Mittvierzigerin begrüßt mich mit „Hallo, meine Mädels! Heute ist wieder ein wunderschöner Tag – genau richtig für einen knackigen Salat." Und für die Herstellung desselben gibt es eine Vielzahl an passenden Geräten und Schüsseln, deren Vorzüge und Funktionsweise mir die Beraterin gerade in einem Selfievideo dauerlächelnd erklärt. Brauchen wir das wirklich alles, frage ich mich unentschlossen. Bisher hat es mit dem Salat auch ganz gut geklappt. Meine Mädels-Gang hat auf jeden Fall Feuer gefangen. Für nächste Woche habe ich schon wieder eine Einladung. Dann geht es um Kosmetik.

Jetzt muss ich schnell den Rechner räumen, mein Mann hat sich für einen Online-Brotbackkurs angemeldet. Wir überlegen, uns einen Backofen in den Garten zu bauen bzw. bauen zu lassen. Überall in Deutschland sitzen angehende Hobby-Bäcker vor dem PC und schauen einem Profi dabei zu, wie er Pizza, Fleisch, Kuchen oder Brot in den Ofen schiebt und sie dann wenig später wieder herausholt. Das alles sieht unendlich lecker aus – ich gehe erst mal in die Küche und schmiere mir ein Butterbrot.

Es klingelt an der Haustür. Der Paketbote? Ausnahmsweise mal nicht. Eine Freundin unserer großen Tochter steht vor der Tür und stellt eine Einladungskiste für ihre virtuelle Geburtstagsparty ab. Drin sind ein kleiner Kuchen, ein Kaba, ein kleines Geschenk und eine Karte mit dem genauen Termin für die Zoom-Konferenz. Nächsten Samstag um 15 Uhr treffen sich die Mädels alle virtuell, essen Kuchen, trinken Kaba, spielen und packen Geschenke aus. Ich sehe mich schon tagelang Kuchen backen und Kisten packen, wenn es bei uns so weit ist. Mein Argument „Du kannst nicht mehr als zehn Kinder einladen, wir haben einfach nicht genügend Platz" zählt wohl dann nicht mehr.

Heute Abend sind wir zu einer virtuellen Dinnerparty eingeladen. Deshalb muss ich mich ein bisschen aufhübschen – und vor allem die Küche aufräumen. Der Tisch im Esszimmer ist schon festlich gedeckt. Über Skype sehen wir unseren Freunden in München dabei zu, wie sie schnippeln und brutzeln – und umgekehrt. Vor lauter Ratschen wäre die Soße fast angebrannt. Wie bei realen Treffen auch, werden die Männer früh müde. Sie dürfen ins Bett, wir Mädels skypen weiter – so lange wir wollen. Und verabreden uns zum virtuellen Angrillen, wenn das Wetter passt.

Virtuelle Ausstellung, virtueller Betriebsausflug, virtuelle Chorprobe, virtuelle Duftreise, virtueller Escape Room, virtueller Flohmarkt, virtueller Gitarrenunterricht, virtuelle Hochzeitsmesse, virtueller Ironman, virtuelle Jobmesse, virtuelles Krippenspiel, virtuell Lego bauen, virtuelles Mensch ärgere Dich nicht, virtuelle Nachhilfe, virtuelle Ostereiersuche, virtueller Parteitag, virtuelle Quizshow, virtuelle Regatta, virtuelle Schnitzeljagd, virtuelle Trinkspiele, virtuelle Urlaubsreisen, virtuelle Vorträge, virtuelle Weihnachtsfeier, virtuelles Yoga, virtueller Zoobesuch – die Liste ließe sich fortsetzen (nur für ein Beispiel mit X hat es schon beim ersten Mal nicht gereicht). Viele schöne Ideen. Noch schöner wäre es, wenn wir auf das virtuell davor bald wieder verzichten könnten.

*„Freestyle auf den Regensburger Köpfen", so titelt die Mittelbayerische im Februar 2021. Auch im zweiten Lockdown müssen die Friseure wochenlang schließen. Mit haarsträubenden Folgen. So manchen treibt die Corona-Matte in die Arme von Amateuren, andere stürzen sich gar in die Illegalität.*

# HAARSTRÄUBENDES AUS DEM LOCKDOWN

*von Heinz Klein*

In der Damenwelt gab es im zweiten langen Lockdown, in dem die Salons der Friseure und Haarkünstler wochenlang dunkel blieben, eine alles entscheidende Frage, die meist flüsternd vorgetragen wurde und folgendermaßen lautet: „Kennen Sie vielleicht eine Friseurin, die verschwiegen ist und … naja, Sie wissen schon, gegen gute Bezahlung auch jetzt zum Haaremachen nach Hause käme?"

Auch oder gerade in feinsten Kreisen der Upper Class kursierte diese Frage als eine der drängendsten, wie eine kundige Beobachterin gehobener Gehaltsklassenbezieher schmunzelnd versicherte. Antworten auf diese haarige Frage waren rar und hatten, wenn es sie gab, natürlich vertraulichen Geheimtippcharakter. Denn sie führten dann direkt in die dunkle, illegale Welt der Verstöße gegen das unerbittliche Infektionsschutzgesetz.

Wer beim illegalen Hairdressing ertappt worden wäre, hätte den vermutlich teuersten Haarschnitt seines Lebens zahlen müssen. Wobei das Kuriose daran war, dass man in der Regel ja sehen konnte, wer diese Sünde beging. Die Sünderinnen rannten schließlich nicht mit dem Kopftuch durch die Gegend, sondern zeigten sich hoch erhobenen Hauptes mit perfekter Frisur. Auch die eitlen Starkicker der Bundesliga präsentierten sich dem Fernsehzuschauer gerne in kriminell perfekt gestyltem Haarzustand, was für Fußballer ja eigentlich völliger Blödsinn ist, weil die Gefahr doch ziemlich groß ist, dass die

Frisur bei Kopfbällen Schaden leidet. Und immer noch müssen Fußballer den Kopf hinhalten, wenn der Ball geflogen kommt, was sich aber vielleicht bald ändern wird. Wer sich für Hunderte Euro vom extra eingeflogenen Star-Coiffeur einen tollen Kopf machen lässt, bekommt künftig womöglich fürs nächste Spiel eine Kopfballbefreiung, denn die Schönheit des Spielers scheint inzwischen bald wichtiger zu werden als die Schönheit des Spiels.

Sieht man von eitlen Kickern ab, dann nahm die Männerwelt den Totalausfall von Friseurterminen meist eher locker. Hornfäden wachsen nun mal nach, das lässt sich auch in Lockdown-Zeiten nicht ändern. Und wenn selbst ein bayerischer Ministerpräsident mit ausgewachsener Frisur und senkrecht stehendem Haarschiebl Pressekonferenzen gibt, dann darf sich auch der Normalo-Mann in etwas haarigen Zuständen zeigen. Sogar ein britischer Premierminister mit ungebändigtem Blondschopf bewies täglich aufs Neue, dass haarsträubende Politik auch in diesem Outfit möglich ist. Ein anderer prominenter Politblondie, der beim gerade notwendig gewordenen Räumen seines Weißen Hauses enorme Zicken machte, hätte sich dagegen ohne täglichen Einsatz eines Hairmakers wohl kaum zeigen können, denn es bedurfte schon geschickter Hände, um die abenteuerliche Kunstfrisur des US-Präsidenten täglich neu an dessen Kopf zu kleben.

Im Rahmen der erzwungenen Arbeitsniederlegung des Friseurhandwerks veränderten sich Männerköpfe dann eben. Manche Herren ließen sich zuwachsen, was von ästhetischem Vorteil oder auch Nachteil sein konnte, andere legten selbst Hand an ihr Haar an, was ebensolche Folgen haben konnte. In beiden Fällen wurde man dann nicht mehr mit „hallo", sondern mit einem erstaunten „ach, du bist es" begrüßt. In der Regel erprobten sich aber wohlmeinende Freundinnen, Ehefrauen, Schwestern oder Mütter als Amateurfriseurinnen an den Köpfen der Männerwelt, was oftmals erstaunlich gute Resultate und nur selten schwere Verwüstungen hervorbrachte.

In konstanter Schönheit verblieb selbst im langen Frühjahrs-Lockdown der größte Teil der Weiblichkeit, die das Haar ohnehin lang trägt. Wenn es dann noch ein bisschen länger wurde, hatte das keine dramatischen Auswirkungen. Ansonsten wurde auch mal der zuständige Mann an die Schere gerufen, um mit vor Aufregung zitternden Händen die Haarspitzen der langhaarigen Schönen zu schneiden und so zu beweisen, dass Männer doch zu was nütze sind. Wenn er das gut hinbrachte, förderte das das Vertrauen in die Beziehung, wenn nicht, konnte es in eine Ehekrise münden. Man sieht also, wie bedeutungsvoll der Haarzustand doch und gerade in Zeiten einer Pandemie ist und wie sehr unser Seelenheil davon abhängen kann. Das gilt nicht nur bei den Erwachsenen, sondern auch schon bei unseren Jüngsten.

Wie wichtig es ist, dass die Scheren wieder klappern dürfen, beweist der Brief der siebenjährigen Christina, die sich beim zweiten Lockdown hinsetzte und an den bayerischen Ministerpräsidenten einen sehr ernsthaften Brandbrief schrieb, den wir gerne in seiner ganzen orthografischen Brillanz wiedergeben. Christina schrieb: „Lieber Markus Södcr, bitte sperren sie die Schulen wieder auf, denn Homesholing ist total dof. Und sperren sie die Frisöre wieder auf, denn die ganzen Menner schauen echt schlimm aus. Libe Grüße, Christina" Dem ist nichts mehr hinzuzufügen.

AUCH WENN DIE FRISÖRE GESCHLOSSEN HABEN, KÖNNTEST DU DICH WENIGSTENS MAL RASIEREN, KARL-HEINZ!

*Schon im März 2020 ahnen es die ersten Wirtschaftsfachblätter: Corona könnte zum Charaktertest für die Gesellschaft werden. Inzwischen wissen wir auch, wie Corona uns verändert hat. Unser Autor hat eine nicht bierernst zu nehmende Typisierung gewagt.*

# ALLE SIND IRGENDWIE CORONA!

*von Benjamin Neumaier*

Menschen kategorisieren gerne. Immer und überall. Und vor allem andere. Das könnte man auch als Schubladendenken bezeichnen. Besonders in den sozialen Medien geht das heutzutage ganz schnell. Und ich meine mit Kategorisierung jetzt keine Einordnung a la „Boah, das Niveau mancher Menschen hat sogar im Keller Höhenangst", wenn man sich wieder über einen ach so tollen Kommentar unter seinem letzten Post gefreut hat. NEIN!

Es geht um mehr. Jeder Mensch hat eben seinen eigenen Charakter – und das ist gut so, denn sonst wäre unser Zusammenleben doch recht langweilig. Allerdings kann's auch manchmal ganz schön nervenaufreibend sein – vor allem in Ausnahmesituationen. Und so eine erleben wir nun schon seit März 2020. Darauf reagiert der Mensch auf ganz unterschiedliche Weise – mit Mut, Empathie, Angst oder auch Ignoranz. Ich habe mal meine Verwandten, Bekannte und meinen Freundeskreis und auch mich selbst auf eine imaginäre Couch gelegt.

Dabei bin ich über ein paar Corona-Prototypen gestolpert, die so oder so ähnlich wohl jeder kennt.

**Der Besonnene, Akzeptierende oder auch das Schlafschaf** Dieser Typus entspringt der Mitte der Gesellschaft, noch mehr, er bildet vielmehr deren Kern. Letztlich ist es ihm zu verdanken, dass die Welt nicht den Bach runtergeht. Er agiert überlegt, wägt ab, nimmt auch mal hin. Er versteht – zumindest wenn die jeweilige Maßnahme gut begründet ist –, warum man nicht unbedingt jetzt verreisen, in ein Theater gehen oder die Verwandtschaft besuchen muss. Er unterrichtet sein Kind, geht für die älteren Nachbarn einkaufen und schränkt seine privaten Aktivitäten ein – meist trifft man ihn beim Spazierengehen.

In der Regel informiert er sich über die aktuelle Situation über die wiederkehrenden Pressekonferenzen, liest Zeitung und schaut die Öffentlich-Rechtlichen. Manche halten ihn für langweilig, Verschwörungstheoretiker raten ihm „aufzuwachen". Dabei ist er es, der dafür sorgt, dass das Leben nicht in Anarchie wegkippt. Diese Gruppe nimmt COVID-19 ernst, versucht das Beste aus der Situation zu machen, und hofft, dass der Spuk möglichst bald vorbei ist.

Negativ auszulegen ist ihm nur wenig – und meist nur in Einzelfällen. Aber natürlich gibt es etwas: Der Extremfall des Besonnenen wartet beharrlich auf das Ende der Pandemie – wenn es sein muss, auch zig Jahre. Warum? Weil sein Leben vorher so viele Highlights hatte, wie Meister Proper Haare auf dem Kopf. Oder, um es anders auszudrücken: Sein Leben hat sich nicht groß verändert. Außerdem glaubt er erst an das Ende der Pandemie, wenn dieses behördlich verkündet wurde – am liebsten per Pressekonferenz.

### Der Veteran

Er ist dem Besonnenen in gewissen Dingen ähnlich, allerdings älter als 85 Jahre. Ihn kennzeichneten schon vor der Pandemie Sätze wie: „Es kommt wieder eine schlechte Zeit, das kann ich euch versprechen." Der Veteran hat schon alles erlebt – und das teilt er auch mit: „Kinder, ich hab' es euch immer gesagt, aber ihr habt es ja nicht geglaubt."

Obwohl er der sogenannten Risikogruppe angehört, hat er vor Corona in etwa so viel Angst wie Obelix vor einer Handvoll Römer. Typischer Satz: „Ich habe den Zweiten Weltkrieg überlebt, da wird mich so ein Virus auch nicht kleinkriegen."

Deshalb klebt der Veteran oder die Veteranin einem im Supermarkt auch schon im Genick, wenn man sich am Kühlregal auch nur eine Sekunde erlaubt, zwischen Vanille- oder Schokopudding abzuwägen. Erdreistet man sich, diese Spezies auf die geltenden Abstandsregeln hinzuweisen, werden sie fuchtig: „Ich bin nicht krank, keine Angst, junger Mann! Außerdem wäre ein bisserl Respekt vor dem Alter angebracht. Und jetzt lassen Sie mich da hin, ich hab es eilig."

Die Eiligkeit verfliegt allerdings an der Kasse – da wird, wie schon vor Corona, das Kleingeld haargenau gezählt oder dem Kassierer die damit prall gefüllte Pranke auf den Tresen geknallt. „Suchen Sie es sich raus!" Die Mastercard blitzt zwar aus dem Geldbeutel, aber der Veteran hat scheinbar ein Prinzip: Nur Pussies zahlen kontaktlos.

### Der Hamsterkäufer bzw. der Prepper

Der Hamsterkäufer ist eher in die Kategorie ängstlich einzuordnen. Zu Beginn der Pandemie war er Triebtäter, durch die Nachrichtenlage verunsichert, ließ sich vom Trend mitreißen. Dass er sich vor allem auf Klopapier und Nudeln stürzte, kann er sich im Nachhinein selbst nicht mehr erklären – aber die anderen machten es ja auch. Und was man hat, das hat man.

Selbiges gilt in weitaus größerem Maßstab für Mehl und Hefe. Diese beiden Corona-Preziosen darben beim Hamsterkäufer aber weiterhin dort, wo er sie, gleich nachdem der Adrenalin-Kick verraucht war, verstaut hat: in den Untiefen der Speisekammer. Denn gebacken hat er weder vor noch während Corona – und er wird es auch danach nicht tun. Aber er könnte…

Den zweiten Lockdown erlebte der Hamsterkäufer aber schon nicht mehr – er hatte bereits die nächste Stufe der Evolution erklommen: Er ist jetzt Prepper. Mehl, Hefe und Nudeln, ha, das kaufen nur Blödmanngehilfen. Der Prepper setzt auf Lebensmittelvorräte aus haltbaren Konserven und Militärnahrung, Schutzbauten oder Schutzkleidung sind seine Schätze. Kaufen muss er die aber nicht, die lagern schon im eigens ausgehobenen Bunker – neben 723 Packungen Klopapier.

Der labile Hamsterkäufer kann allerdings nicht nur zum Prepper mutieren – Italiener und Spanier haben schließlich auch Wein gehamstert. Und mit so einem Aperol Spritz in der Kaffee-Tasse ist das Zoom-Meeting aus dem Homeoffice gleich halb so schlimm…

### Der Hektiker, Hysteriker oder Paranoiker

Dieser Coronatypus ist ungefähr so „grundentspannt" wie ein 16-Jähriger im Puff. Er sorgt sich, im Gegensatz zum Hamsterkäufer, dabei weniger um sein leibliches Wohl und die Frage, womit er sich im Notfall den Hintern abwischt, als vielmehr vor der Ansteckung mit dem Virus selbst. Er wittert hinter jeder Türklinke oder jedem Geldschein höchste Ansteckungsgefahr. Die FFP2-Maske trägt er sogar, wenn er alleine im Auto sitzt, und was die Handhygiene angeht, ist er gründlicher als Pontius Pilatus.

Er ist aber nicht nur ein Getriebener seiner selbst, sondern hängt am Tropf der Newsticker und Newsletter. Sekündlich schlagen Push-Mitteilungen sämtlicher Nachrichtenportale bei ihm auf, Corona-Podcasts laufen in Dauerschleife. Das Corona-Dashboard des RKI flimmert 24/7 über seinen smarten Fernseher. Seine gesammelten Erkenntnisse teilt er – ungefragt – seiner Community mit, müllt WhatsApp oder Messenger-Chats damit zu. „Hast du schon von der neuen Studie gehört? Hast du schon den neuen Post von Drosten gesehen, der vor drei Sekunden online ging? Also das Gesundheitsministerium hat gerade bekanntgegeben, dass…"

Reale Kontakte meidet er, er ist der fleischgewordene Sicherheitsabstand – er würde lieber seinem zweijährigen Neffen die Haustür an den Kopf knallen, als zu riskieren, dass der ihm zu nahe kommt. „Der hat doch grad gehustet, oder?" Kontakt unterhalb von anderthalb Metern riskiert er nur, wenn es am Discounter-Wühltisch um die letzte Packung Corona-Selbsttests geht (auch wenn er eigentlich deren Ergebnis misstraut).

Freunde hat er deswegen keine mehr. Doch, einen: Dr. Google.

### Der Hobby-Virologe

Dieser Typus ist informationstechnisch ähnlich breit aufgestellt wie der Hektiker und ähnlich mitteilungsbedürftig – allerdings nicht nur gegenüber seinem Bekanntenkreis. Seine Mitteilungen sind öffentlich wirksam. Regelmäßig postet er in lokalen Facebookgruppen lange Texte, in denen er Ergüsse von Drosten, Streeck und Co. in eigenen Worten wiedergibt oder Maßnahmen der Ministerpräsidenten-Konferenz kommentiert und einordnet. Corona-informationstechnisch ungefähr so wertvoll wie ein kleines Steak – oder der Twitter-Feed von Michael Wendler.

Prägender Satz dieser Unterspezies: „Es ist schlimm. Schlimmer als ihr denkt, aber vor allem heißt es **das** Virus!"

Ganz wichtig: Niemals, wirklich niemals hinreißen lassen, auf einen dieser Posts in irgendeiner Art zu reagieren. Denn diese Typen wird man nicht mehr los – und Gegenargumenten ungefähr so zugänglich wie Uli Hoeneß.

### Der Verschwörungstheoretiker oder Ignorant

Gegenargumente hört auch der Verschwörungstheoretiker nicht gerne. Denn obwohl er freie Meinungsäußerung predigt, ist er eigentlich nur von seiner eigenen Sichtweise überzeugt. Ähnlich wie Donald Trump von seinem Wahlsieg 2020. Zu finden ist dieser Coronatypus vorwiegend bei Telegram in Gruppen wie den „Corona Rebellen" oder live bei „organisierten Spaziergängen" oder auf sogenannten „Hygiene-Demos".

Dieser Typus sieht die großen Zusammenhänge. Die Geschichte hinter der Geschichte. Informationen zieht er aus den alternativen Medien – von Lügenpresse, System- oder gleichgeschalteten Medien hat er die Schnauze voll. Seine Quintessenz:

(Vorsicht: Sollten Sie den nächsten Abschnitt laut lesen, könnte es sein, dass in der Küchenschublade die Alufolie raschelt.)

Corona ist nur eine Hysterie, eine mittelschwere Grippe. Also, wenn überhaupt, denn eigentlich ist die Pandemie gar nicht durch SARS-CoV-2 ausgelöst worden, sondern durch den Mobilfunkstandard 5G. Dieser ist Teil der Weltverschwörung von Politikern (allen voran Angela Merkel), Bill Gates und Geheimgesellschaften, die zuerst das Wirtschaftssystem zielgerichtet zerstören, dann die Krise ausnutzen und eine autoritäre Weltordnung mit einer per implantiertem Mikrochip gleichgeschalteten Menschheit errichten, während sie das Blut von Kindern trinken.

Die Ziele des Verschwörungstheoretikers: Endlich wieder in den Urlaub fliegen und ohne Auflagen Party machen – und, logisch, – zuvor das Corona-Regime stürzen.

**Fazit:**

Letztlich hat jeder Coronatypus in irgendeiner Art und Weise seine Berechtigung. Klar, eine kleine Dosis Hamsterkaufen, eine gesunde Portion Skepsis und etwas Angst vor Ansteckung haben wir alle. Teilweise würde auch eine Portion Aufrührerei nicht schaden und die Einstellung, eine Krise als Chance begreifen zu können. Nur auf eines kommt es wohl an, das sagte auch schon früher meine Oma zu mir: „Alles in Maßen."

# EPILOG

Wie wird es sein, wenn Corona eines Tages überwunden ist? Wenn wir wieder ohne Maske, ohne AHA-Regeln, ohne Selbsttests ganz spontan zum Shoppen gehen, am Strand liegen oder ein Konzert besuchen können?

Prof. Dr. Andreas Mühlberger, Leiter des Lehrstuhls für Klinische Psychologie und Psychotherapie an der Universität Regensburg, hat in einem Interview mit der Mittelbayerischen die Prognose geäußert, dass uns die Zeit mit dem gefährlichen Virus für immer verändern wird. Das, was vorher selbstverständlich war, wird nicht mehr selbstverständlich sein. Was normal war, wird sich plötzlich verkehrt anfühlen – denn wir haben die Einschränkungen tief verinnerlicht.

Unser Leben wird sich in Zukunft in die Zeit vor Corona und die Zeit nach Corona definieren. Es wird ein Neuanfang, zu dessen gutem Gelingen wir alle beitragen können – vielleicht sogar mit Erfahrungen, die wir ohne das Virus nie gemacht hätten. Der Naturwissenschaftler und Schriftsteller Georg Christoph Lichtenberg hat es vor über 200 Jahren ziemlich treffend formuliert: „Ich kann freilich nicht sagen, ob es besser werden wird, wenn es anders wird; aber so viel kann ich sagen: es muss anders werden, wenn es gut werden soll."

In diesem Sinne: **Bleiben Sie gesund und optimistisch!**

# DIE AUTOREN

**Anna-Maria Ascherl** arbeitet seit 2016 bei der Mittelbayerischen. Als Online-Redakteurin ist sie seit Beginn der Corona-Pandemie nah dran an den Sorgen der Menschen. Und sie sieht, wie einfach es manchmal ist, zu helfen. Ihre Ausbildung zur Elektronikerin erweist sich immer wieder als nützlich – und sei es nur, um im Homeoffice-Alltag technische Tücken zu meistern. Wenn sie nicht gerade durch ihre Heimat im Bayerischen Wald streift, schmust sie mit ihren Alpakas und frönt ihrer Leidenschaft für Star Wars.

**Petra Beer-Dausch** hat sich 1994 gleich nach dem Abitur gegen ein Medizin-Studium und für ein Volontariat bei der Mittelbayerischen entschieden. Seit 25 Jahren ist sie dort als Redakteurin beschäftigt. Nach vielen Jahren als Reporterin wechselte sie 2018 an den Printdesk. Auch wenn sie jetzt vorwiegend mit dem Gestalten und Produzieren der Printausgabe der Mittelbayerischen befasst ist, hat sie nie die Liebe zum Schreiben verloren. Ironie war und ist eines ihrer Markenzeichen, auch wenn sie dafür von ihren zwei Töchtern oft nur unverständige Blicke erntet.

**Katrin Böhm** arbeitet seit 22 Jahren als Journalistin für die Mittelbayerische Zeitung. Großteile der Beiträge für dieses Buch hat sie am Esstisch geschrieben, während sie nebenbei Wasserfarben für ihren sechsjährigen Sohn angerührt und nicht darüber nachgedacht hat, wie der Tisch danach aussehen wird. Die Benjamin-

Blümchen-Titelmelodie wird sie vermutlich auch dann noch vor sich hinsummen, wenn das Kind 18 ist.

**Jochen Dannenberg** arbeitet seit 23 Jahren als Journalist für die Mittelbayerische Zeitung. In diesem Buch tritt er erstmals nicht mit Texten oder Fotos an die Öffentlichkeit, sondern mit Cartoons. Sie sind seit mehreren Jahren zu Jochen Dannenbergs Hobby geworden. Bisher hat er die Zeichnungen nur im privaten Kreis gezeigt. Ihn begeistert die Knappheit der Geschichten, die den Cartoons zugrunde liegt. Meist genügen zwei, drei Sätze und ein Foto, dann ist die ganze Geschichte erzählt.

**Heinz Gläser** ist seit 1991 bei der Mittelbayerischen Zeitung beschäftigt, derzeit als leitender Redakteur. Der Diplom-Politikwissenschaftler schreibt seit 23 Jahren vornehmlich für die Sportredaktion und war unter anderem bei insgesamt sieben Fußball-Welt- und Europameisterschaften vor Ort. Seine Vorliebe gilt den heiteren bis absurden Begebenheiten, die bei solchen Ereignissen zuverlässig am Wegesrand lauern.

**Martina Hutzler** überträgt bei der Mittelbayerischen ihre Kenntnisse als Diplom-Biologin auch auf große Tiere, blühende Landschaften, Stadtrats-Biotope und andere lebendige Facetten des Lokaljournalismus. Dass im Corona-Redaktionsalltag Begriffe wie „Sieben-Tage-Inzidenz" und „exponentielles Wachstum" so gängig wurden wie Jahreshauptversammlung und Vereinsfest, ist für die Redakteurin eine der erstaunlichsten Nebenwirkungen von COVID-19.

**Heinz Klein** hat sich nach 40 Jahren Redakteurstätigkeit bei der MZ aus dem journalistischen Tagesgeschäft zurückgezogen, schreibt aber weiterhin als freier Autor. Sein Augenmerk gilt ganz besonders den Natur- und Umweltthemen. Daneben ist er stets bemüht, dem Leben ein Lächeln abzugewinnen und das in Glossen und einer Kolumne an die Leser weiterzugeben.

**Mario Kunzendorf** war von 1989 bis 2000 bei der Mittelbayerischen Zeitung beschäftigt, die meisten Jahre davon als Politik-Redakteur. Heute arbeitet er noch freiberuflich für die Mittelbayerische Zeitung, nach seinen Ausbildungen zum Betriebswirt des Handwerks und Energieberater (TU Darmstadt) hauptberuflich aber als Geschäftsführer in einem Handwerksbetrieb – wo er täglich auf die wildwechselnden Folgen und Zwänge aus der Corona-Pandemie trifft.

**Benjamin Neumaier** arbeitet seit 2007 bei der Mittelbayerischen Zeitung – anfangs als freier Mitarbeiter der Sportredaktion, seit 2012 als Redakteur. Die Corona-Pandemie beschäftigt ihn seit ihren Anfängen. In der Redaktion Kelheim war er der Reporter, der die „Hygiene-Demos" besuchen durfte – seitdem bekommt er „Fanpost". Mittlerweile arbeitet er in der Video-Redaktion der Mittelbayerischen und auch dort prägt die Pandemie den Alltag.

**Martin Rutrecht**, geboren in Österreich, kam 1998 nach Deutschland und ist seither Mitarbeiter der Mittelbayerischen Zeitung in der Redaktion Kelheim. Im Pandemie-Jahr, das er mit Artikeln vom ersten Krisenstab bis zur dritten Infektions-Welle begleitete, verbrachte er Monate im Homeoffice/Homeschooling. Die politische Welt zerfiel mit dem Virus in Einzelinteressen, sagt er, das Interesse des Einzelnen aber wurde ignoriert.

 **Isolde Stöcker-Gietl** ist seit 1998 als Redakteurin bei der Mittelbayerischen beschäftigt und veröffentlichte 2020 ihr erstes Buch „Auf den Spuren des Todes", in dem sie echte Kriminalfälle beleuchtet. Als Reporterin für überregionale Themen hat sie viele unterschiedliche Facetten der Corona-Krise kennengelernt und sich journalistisch damit auseinandergesetzt. Beruflich wie privat versucht die Diplom-Betriebswirtin, schwierige Situationen stets mit einer Prise Humor zu meistern.

 **Dagmar Unrecht** ist seit 2013 Redakteurin bei der Mittelbayerischen. Zuvor war sie in Potsdam und Mannheim bei verschiedenen Tageszeitungen als Politik-Redakteurin beschäftigt. Die Pandemie prägt ihren Reporter-Alltag – recherchiert wird nun hauptsächlich am Telefon. Homeoffice und Homeschooling sind für die Germanistin Routine geworden, meistens jedenfalls. Inzwischen weiß sie: Videokonferenzen können lustig sein, für Schule muss man nicht unbedingt aufstehen und Nudeln gehen immer.